As palestras da Zofingia
1896-1899

Dados Internacionais de Catalogação na Publicação (CIP)
(Câmara Brasileira do Livro, SP, Brasil)

Jung, C. G., 1875-1961
  As palestras da Zofingia (1896-1899) / C. G. Jung ; tradução de Markus A. Hediger. – Petrópolis, RJ : Vozes, 2024.

  Título original: Die Zofingia Vorträge 1896-1899.
  ISBN 978-85-326-6960-5

  1. Jung, C. G. (Carl Gustav), 1875-1961
  2. Palestras e conferências 3. Psicologia analítica I. Título.

24-218755   CDD-150.1954

Índices para catálogo sistemático:
1. Jung, Carl Gustav : Psicologia analítica   150.1954

Tábata Alves da Silva – Bibliotecária – CRB-8/9253

C.G. Jung

As palestras da Zofíngia
1896-1899

Tradução de Markus A. Hediger

Petrópolis

© 1997 Walter Verlag Zürich – Düsseldorf
© 1983 Princeton University Press, Princeton e Routledge & Kegan Paul, Londres
© 2007 Foundation of the Works of C.G. Jung, Zürich

Tradução do original em alemão intitulado *Die Zofingia Vorträge 1896-1899 – Gesammelte Werke (GW) Ergänzungsband I*

Direitos de publicação em língua portuguesa – Brasil:
2024, Editora Vozes Ltda.
Rua Frei Luís, 100
25689-900 Petrópolis, RJ
www.vozes.com.br
Brasil

Todos os direitos reservados. Nenhuma parte desta obra poderá ser reproduzida ou transmitida por qualquer forma e/ou quaisquer meios (eletrônico ou mecânico, incluindo fotocópia e gravação) ou arquivada em qualquer sistema ou banco de dados sem permissão escrita da editora.

CONSELHO EDITORIAL	PRODUÇÃO EDITORIAL
Diretor	Aline L.R. de Barros
Volney J. Berkenbrock	Marcelo Telles
	Mirela de Oliveira
Editores	Natália França
Aline dos Santos Carneiro	Otaviano M. Cunha
Edrian Josué Pasini	Priscilla A.F. Alves
MarilacLoraineOleniki	Rafael de Oliveira
WelderLancieri Marchini	Samuel Rezende
	Vanessa Luz
Conselheiros	Verônica M. Guedes
Elói Dionísio Piva	
Francisco Morás	
Gilberto Gonçalves Garcia	
Ludovico Garmus	
Teobaldo Heidemann	

Secretário executivo
Leonardo A.R.T. dos Santos

Editoração: Lorena Delduca Herédias
Padronização das referências: Mariana Perlati
Diagramação: Editora Vozes
Revisão gráfica: Alessandra Karl
Capa: Anna Ferreira

ISBN 978-85-326-6960-5 (Brasil)
ISBN 978-35304-0683-2 (Alemão)

Este livro foi composto e impresso pela Editora Vozes Ltda.

Sumário

Lista de imagens, 7
Prefácio dos editores da edição em inglês de 1983, 9
Prefácio da organizadora da edição em alemão, 13
Introdução, 15

I. Sobre as regiões limiares da ciência exata (novembro de 1896), 29
    1.1 Introdução, 29
    1.2 Sobre as regiões limiares da ciência exata, 31

II. Algumas reflexões sobre a psicologia (maio de 1897), 46
    2.1 Sumário, 46
    2.2 Introdução ao todo, 47
    2.3 Psicologia racional, 52
        2.3.1 Introdução, 52
        2.3.2 Psicologia racional, 53
    2.4 Psicologia empírica, 56
        2.4.1 Introdução, 56
        2.4.2 Psicologia empírica, 62
    2.5 Conclusão, 68

III. Discurso inaugural como presidente da Zofingia no semestre de inverno de 1897/1898, 72

IV. Reflexões sobre a natureza e o valor da pesquisa
especulativa (semestre de verão de 1898), 79
    4.1 Introdução, 79
    4.2 Reflexões sobre a natureza e o valor da pesquisa
especulativa, 80

V. Reflexões sobre a concepção do cristianismo com
referência à teoria de Albrecht Ritschl (janeiro de 1899), 114
    5.1 Praefatio auditori benevolo, 114
    5.2 Reflexões sobre a concepção do cristianismo com
referência à teoria de Albrecht Ritschl, 115

Material, 135
Referências, 139

Lista de imagens

Imagem 1 – Últimas linhas do discurso inaugural como presidente da Zofingia, 106

Imagem 2 – Jung, por volta de 1896, nas cores de sua fraternidade, 107

Imagem 3 – Membros da seção de Basileia da fraternidade Zofingia, 108

Imagem 4 – O restaurante em Basileia chamado "Breo", 108

Imagem 5 – Os sete últimos parágrafos da conferência "Reflexões sobre a essência e o valor da pesquisa especulativa", 109

Prefácio dos editores da edição em inglês de 1983

Em 18 de abril de 1895, Jung foi admitido à faculdade de medicina da Universidade de Basileia, dois meses antes de completar 20 anos de idade. Em 18 de maio, tornou-se membro da seção de Basileia da Zofingia, uma fraternidade suíça representada em várias universidades (Ellenberger, 1970, p. 923). A programação das reuniões semanais da fraternidade oferecia palestras e discussões sérias e pseudossérias, festas regadas a cerveja, excursões e eventos de dança. O pai de Jung, que também tinha sido membro da Zofingia (*Memórias*, p. 60), faleceu em 28 de janeiro de 1896; e, segundo declarações de Gustav Steiner, que também tinha sido membro da Zofingia[1], Jung passou a participar das discussões das reuniões semanais, depois de fazer sua primeira palestra em novembro de 1896. Seguiram-se quatro palestras, incluindo o discurso inaugural como presidente da seção de Basileia no semestre do inverno de 1897/1898.

Depois de completar seus estudos em medicina, em julho de 1900, parecia que ele tinha guardado e esquecido os manuscritos de suas palestras por muitos anos, igual ao que faria mais tarde com as cartas de Freud. Não encontramos nenhuma alusão às suas experiências na Zofingia nem em seus escritos científicos nem nas cartas publicadas. Não encontramos nada nas memórias que ele apresentou no seminário de 1925 nem nos seminários seguintes. Só em 1935, alguns detalhes vívidos sobre a relação de Jung com a Zofingia se tornaram públicos. Eles não foram redigidos por Jung, mas por Albert Oeri, seu velho amigo e ex-colega na Zofingia, e foram divulgados numa publicação por ocasião do 60º

---

1. As *Memórias* de Steiner se apoiam em pesquisas nos protocolos da Zofingia.

10   C.G. Jung

aniversário de Jung (Oeri, 1935, p. 524-528). No capítulo "Anos de estudo", em *Memórias, sonhos, reflexões*, Jung falou sobre sua vida na fraternidade, mas sem mencionar o nome "Zofingia". Um relato completo sobre o episódio na Zofingia, que se apoia principalmente nas lembranças de Gustav Steiner, foi publicado por Henri Ellenberger (1970, p. 922s.). Poucos sabiam que Jung tinha guardado suas palestras manuscritas da década de 1890.

O público só tomou conhecimento dos manuscritos da Zofingia quando seus herdeiros os disponibilizaram juntamente com outros documentos e imagens por ocasião de uma exposição em comemoração do 100º aniversário de Jung. Em 26 de julho de 1975, Jung teria completado 100 anos. Sob o patrocínio da cidade de Zurique, do Instituto C.G. Jung e do Clube Psicológico de Zurique, em março e abril de 1975, o material foi exposto primeiro no museu Helmhaus, em Zurique, e depois em Basileia e Berna. Foram expostas também algumas páginas dos manuscritos da Zofingia e fotos de Jung nas cores da fraternidade[2].

Em março de 1975, quando Aniela Jaffé chamou minha atenção para as peças de exposição da Zofingia, apresentados no Helmhaus, perguntei a Franz Jung, filho do Professor Jung, se existia a possibilidade de publicar as palestras. Mais tarde, ele nos enviou uma fotocópia dos manuscritos, e pedimos a opinião de Gerhard Adler e Michael Fordham, os organizadores dos *Collected Works,* e a dois outros conselheiros, os professores Ernst Benz e Walter Kaufmann. Com sua recomendação, a Princeton University Press publicou as palestras da Zofingia como suplemento às *Collected Works*. A família Jung supervisionou o preparo e a revisão cuidadosa da transcrição datilografada, usada para a tradução para o inglês por Jan van Heurck.

O tradutor Jan van Heurck pôde contar com a ajuda de Krishna Winston, Dorothee Schneider e a Dra. Marie-Louise von Franz. As notas de rodapé foram elaboradas pela Senhora Van Heurck

---

2. Mais tarde, a fundação Pro Helvetia financiou uma exposição de fotos, baseada na exposição do Helmhaus, que viajou por muitas cidades na Europa e na América do Norte. Essas exposições serviram também como base para Jaffé, A. (1977). *C.G. Jung Bild und Wort*. Walter.

com a ajuda do editor. Algumas notas da Senhora Schneider e da Dra. Von Franz trazem suas iniciais. As fontes originais usadas por Jung são citadas quando puderam ser identificadas. As correções mais interessantes no manuscrito de Jung foram incluídas nas notas de rodapé. O texto definitivo usado para a palestra definitiva foi reproduzido integralmente.

Com gratidão menciono a ajuda, as informações e outros tipos de apoio que recebi das seguintes pessoas: Dr. Gerhard Adler, Georg Duthaler, Manfred Halpern, Aniela Jaffé, Franz Jung, Lilly Jung-Merker, Carl Schorske, Dr. A. Joshua Sherman, Andreas Staehelin e Dr. Ulrich Barth do arquivo estatal do cantão Basileia-Cidade e Theodore Ziolkowski.

William McGuire

Prefácio da organizadora
da edição em alemão

Os originais manuscritos por Jung e os acréscimos editoriais da edição inglesa de 1983 serviram como base para a edição alemã das palestras dos anos de 1896 a 1899. Incluímos também o manuscrito "Estrutura", encontrado entre os outros manuscritos e pertencente à segunda palestra "Algumas reflexões sobre a psicologia". Além disso, revertemos todas as correções que pudemos identificar no original e as reproduzimos nas notas de rodapé. Estas foram ampliadas e completadas principalmente quando se tratava de informar as fontes mais exatas e mais completas das citações, que Jung usou amplamente em suas palestras. No entanto, nem sempre conseguimos identificar os textos originais. Nesse aspecto, também a edição em alemão permanece uma obra inacabada. Pontuação e ortografia foram adaptadas ao uso moderno; colchetes indicam observações dos organizadores.

Várias pessoas e instituições contribuíram para a edição, às quais quero agradecer de coração. Devo mencionar o Arquivo da Faculdade Tecnológica de Zurich [ETH], ao qual a família Jung entregou os manuscritos originais das palestras; e as bibliotecas do Instituto C.G. Jung Zurich, em Küsnacht, e do Clube Psicológico Zurich. Agradeço também à família Jung pela ajuda na realização da edição e, também, à Dra. Marie-Louise von Franz, que disponibilizou sua introdução, escrita originalmente para a edição em inglês, também para a edição em alemão.

Helga Egner
Darmstadt, março de 1997

Introdução

Embora acredite que Jung não teria dado muita importância à publicação dessas *juvenilia*, eu as considero muito interessantes, legíveis e significativas. Trata-se de palestras que ele fez entre os 21 e 23 anos de idade para seus colegas da Universidade de Basileia. Em 18 de maio de 1895, Jung tinha se tornado membro da seção de Basileia da fraternidade "Zofingia", cujos membros, de tempos em tempos e de acordo com a tradição da fraternidade, faziam palestras sobre seu campo de interesse. Essas palestras deviam corresponder a um padrão científico elevado, mas, ao mesmo tempo, expressar também opiniões políticas de forma franca – adaptadas a um círculo fechado de participantes, que se sentiam livres de quaisquer convenções acadêmicas e sociais. O leitor precisa manter isso em mente ao se deparar com palavrões sarcásticos com os quais o jovem candidato a médico C.G. Jung apresentava suas convicções.

Fico muito feliz com a publicação das palestras de Jung na Zofingia (cujos manuscritos originais a comunidade de herdeiros de Jung confiou aos cuidados do arquivo da Faculdade Tecnológica de Zurich [ETH]) numa edição em alemão, pois tudo que sabíamos sobre elas a partir das *Memórias* de Georg Steiner, colega de Jung na Zofingia, havia causado equívocos, que só puderam ser esclarecidos em parte pela edição inglesa das palestras. Steiner se manifestou criticamente sobre *Memórias, sonhos, reflexões* e sua publicação após a morte de Jung (Steiner, 1965, p. 117-163). Jung se lembrava de seu tempo na Zofingia com sentimentos ambivalentes: o tempo de estudos foi, como escreveu, "um tempo bom" e uma fonte de amizade e troca intelectual (Jung, 1971, p. 102), mas ele também contou como se sentia só, porque seus colegas de faculdade não conseguiam entender o que queria dizer. Eles o vivenciaram como um jovem cheio de zelo, entusiasmo e agressividade. Eles nem imaginavam o quanto Jung sofria porque, embora se mostrassem devidamente impressionados, não acreditavam que ele estava realmente falando sério. Em retrospectiva, vendo o que duas guerras e o declínio generalizado da cultura provocaram, conseguimos entender melhor a insistência agressiva de suas palestras. O próprio Steiner observa que, na época, os estudantes viviam num tempo completamente materialista e "adormecido" que nada tinha a oferecer aos jovens. "E então veio a catástrofe" (Steiner, 1965, p. 161). Jung, que previu a chegada dessa catástrofe, a Primeira Guerra Mundial, se sentiu impelido a alertá-los. Ele ficou decepcionado com a falta de reação de seus camaradas. Como um todo, porém, a Zofingia foi uma experiência positiva. Quando se tornou membro, a seção de Basileia tinha 120 membros; 80 deles eram ativos. Frequentemente, se encontravam em grupos menores, que se dedicavam a interesses especiais. Jung se manteve longe deles e, como nos conta seu amigo Albert Oeri (1935, p. 524-528; 1986, p. 5), ele não se importava muito com os bailes e as bebedeiras. Mesmo assim, Oeri apresenta em seu artigo uma imagem vívida e sensível do amigo. Jung era um camarada alegre, "sempre disposto à rebelião contra a 'aliança dos virtuosos'". Mais tarde, Jung descobriu que ele sabia dançar muito bem sem jamais ter tido aulas de dança. Seu apelido na faculdade era "Rolo compressor".

Jung se envolveu principalmente em discussões científicas. Embora suas opiniões fossem estranhas para a maioria, ele dominava e fascinava seu público e conseguia "seduzi-lo e atraí-lo para zonas especulativas que, para a maioria de nós, eram um mundo encantado e estranho [...]. Era maravilhoso ouvi-lo discursar quando o visitávamos em seu quarto. Seu bassê fofo nos olhava sério, como se entendesse tudo que era dito, e Jung não deixou de me informar que o animal sensível sempre chorava miseravelmente quando alguma força oculta se dedicava às suas atividades noturnas" (Oeri, 1935, p. 7). Muitas vezes, eles viravam a noite no Breo, um bar antigo. E já que Jung não gostava de voltar sozinho pelo Bosque do Rouxinol, ele contava ao amigo histórias tão interessantes que este o acompanhava sem mesmo perceber. Quando ficavam fora até o amanhecer, Jung catava algumas flores para acalmar a mãe.

As palestras da Zofingia

Durante os três primeiros semestres, Jung permaneceu em silêncio nas reuniões da Zofingia, porém, mais tarde, assumiu um papel de liderança.

O lema da Zofingia era *Patriae, amicitiae, litteris* [pela pátria, amizade, educação]. A fraternidade havia sido fundada em 1820/1821, mais ou menos na mesma época das fraternidades alemãs, com as quais a Zofingia simpatizava inicialmente, mas às quais também se opôs, porque os alemães pretendiam integrar e dissolver os suíços num movimento pangermânico. Desde o início, porém, a Zofingia insistiu em sua independência puramente suíça (Kundert, 1961)[3]. Era o tempo das Guerras Napoleônicas, quando os sobreviventes da era pré-napoleônica quiseram abolir a ordem introduzida por Napoleão em todos os lugares. O movimento estudantil alemão era um levante romântico, caracterizado por patriotismo e ideias liberais e que lutava contra todas as variações do absolutismo, contra os privilégios de determinadas classes e (principalmente na Suíça) contra o domínio dos patrícios urbanos sobre a população rural. Embora moderadamente revolucionário, o movimento suíço insistiu na ideia do Estado de direito, no qual cabia ao exército suíço a tarefa de defender a independência e neutralidade da nação. No entanto, certos eventos provocaram uma cisão na fraternidade; o grupo conservador brigou com os liberais. Estes até fundaram uma fraternidade própria chamada "Helvetia" ou, na década de 1830, "Neo-Zofingia". A cisão perdurou até 1856, quando os dois grupos voltaram a se unir numa nova Zofingia. Jung tornou-se membro dessa fraternidade. Sua celebração do episódio de Langenthal, uma briga entre estudantes liberais e conservadores, nos diz que seu coração batia não pelas correntes mais conservadoras, mas pelas mais liberais[4] dentro da fraternidade reunida. Essa reunificação, porém, teve um preço para a Zofingia: a partir de agora, os membros não se identificavam mais com a política partidária atual; o ideal passou a ser o apoio ao patriotismo, à amizade e à educação num sentido muito geral; cada membro

---

3. Devo o conhecimento desse livro e outras informações a Kaspar Birkhäuser.

4. Por "liberal" entendemos aqui não a adesão a um partido, mas no sentido de apoio à liberdade individual e geral (livre de classes sociais).

tinha a liberdade de escolher seu partido (embora isso excluísse a liberdade de se aliar aos anarquistas ou a outros partidos cujo objetivo era a dissolução do Estado suíço e de sua independência [Kundert, 1961, art. 2, p. 22]). Ainda que preservasse a unidade da organização, isso resultou também em perigos, aos quais Jung parece chamar atenção em seu discurso inaugural como presidente da fraternidade, ou seja, que a fraternidade estaria correndo o risco de se transformar numa associação pacífica e "adormecida" de homens jovens, sem nenhum entusiasmo para lutar por objetivos realistas. Ao todo, porém, a relação de Jung com a Zofingia era positiva, pois permitiu que ele abandonasse seu isolamento e formulasse ideias que o atormentavam nessa fase de sua vida.

O que torna essas ideias precoces tão interessantes é que elas não só mostram a posição de Jung na época, mas também o quanto as convicções de sua juventude concordam com seu pensamento posterior e quais perguntas o ocupavam naquele tempo – perguntas às quais ele encontrou respostas mais tarde na vida.

Ele começa sua primeira palestra "As zonas limites da ciência exata" (novembro de 1896) com um ataque feroz à inércia, estupidez e convencionalidade da maioria dos cientistas e desmascara a sociedade materialista de seu tempo como um colosso sobre pés de barro. Embora as teses físicas por ele criticadas estejam ultrapassadas, é fascinante observar como Jung reconhece com precisão seus pontos fracos.

Primeiro ele fala do absurdo que é a teoria do éter luminífero, que, na época, era muito respeitada até a teoria da relatividade de Albert Einstein demonstrar que ela era supérflua. O segundo problema que Jung aborda é a discussão sobre a gravidade, à qual ele, equivocadamente, atribui certa qualidade "metafísica". Desde então, as ciências naturais têm feito algum progresso na pesquisa da gravidade, mas podemos afirmar que ela é a única força que, devido à sua extrema fraqueza, ainda não pôde ser atribuída a nenhuma teoria de campo, e suas relações dentro da psicocinese ainda são objeto de discussão (cf. Bauer & von Lucadou, 1979, p. 494ss.). Instintivamente, Jung se voltava diretamente para os pontos fracos das teorias materialistas da física contemporânea, e, mesmo que sua tese seja ultrapassada – se-

As palestras da Zofingia 19

gundo nosso conhecimento atual – a física moderna certamente ainda não conseguiu solucionar os enigmas que ele menciona de passagem (cf. Schopper, 1981, p. 307-313)[5].

O próximo ataque de Jung se volta contra a ideia de que a vida surge automaticamente da matéria anorgânica, ou seja, da matéria "morta". Embora o ponto de vista vitalista, com o qual ele simpatizava, tenha sido derrotado durante os anos seguintes, hoje, voltamos a nos aproximar do ponto de virada, pois os cientistas voltaram a falar da possibilidade de que processos criativos não causais (sincronicidade ou "auto-organização" por meio de atividade mental) possam ter participado na origem da vida (cf. Pauli, 1961, p. 123s.; Jantsch & Waddington, 1976, p. 49s.; Jantsch, 1979; D'Espagnat, 1979). Se quisermos acreditar no relato de R. Ruyers (*La gnose de Princeton*, 1974), encontramos importantes físicos, principalmente nos Estados Unidos, que acreditam na máxima "espírito acima da matéria" com uma convicção de que – em minha opinião – o próprio Jung teria considerado excessivamente espiritualista.

É notável com que clareza Jung reconhecia os pontos fracos do materialismo que, naqueles dias, tinha acabado de iniciar sua ascensão nas ciências. Mas que alternativa ele poderia oferecer? É apenas no fim de sua palestra que ele fala de "dois princípios metafísicos" que precisariam ser vistos como pré-condições no mistério da gravidade e da origem da vida, dois fenômenos que, como diz, são "praticamente desconhecidos". Ele cogita a possibilidade de uma existência não material se manifestar de forma material, mas não explica isso em mais detalhes. Aqui ele encerra a primeira palestra com uma crítica ao materialismo, à "morte intelectual". Ele apenas abre a porta para aquilo que Jung dirá em sua segunda palestra. Nesse sentido, a primeira palestra deve ser vista como uma preparação consciente para o modo de discurso de Jung: de que forma ele representaria, o que pretendia dizer e o que chocaria seus ouvintes – algo que sabia perfeitamente bem.

---

5. Devo o conhecimento desse artigo ao Dr. Wilhelm Just. Cf. também a visão geral excelente de Lucadou, W., & Kornwachs, K. (1979). Parapsychologie und Physik. In G. Condrau (org.) *Die Psychologie des 20. Jahrhunderts* (vol. 15, p. 581s.). Kindler.

A segunda palestra é intitulada de "Algumas reflexões sobre a psicologia" (maio de 1897). Ela começa com uma citação de Kant, ressaltando insistentemente que, na ciência, a "moralidade" é imprescindível e que, sem ela, todas as reflexões filosóficas sobre os "conceitos de Deus e do outro mundo" não têm nenhum valor. Com isso, Jung introduz um argumento importante, ao qual retornarei mais adiante. Seguem citações de David Strauss, Schopenhauer e Kant, que insistem na existência de "fantasmas" ou "naturezas imateriais" fora do "mundo corporal" e na existência de um "outro mundo" com o qual nossa alma estaria conectada já durante a vida. Em seguida, Jung amplia essas citações com a ideia da existência de uma "natureza espiritual" não corporal, de uma "força vital", semelhante àquela afirmada também por alguns fisiólogos vitalistas de seu tempo. O alcance desse princípio vital, da alma, "se estende", como ele diz, "para muito além de nossa consciência" – de forma indireta, Jung menciona aqui pela primeira vez a ideia de uma psique inconsciente. Essa alma é inteligente (teleológica em suas ações) e independente de tempo e espaço (cf. Eccles, 1980)[6], três aspectos da psique que Jung defendeu por toda a sua vida. Para fundamentar sua opinião, Jung apresenta um tesouro de documentos espiritistas: sobre o fenômeno da materialização, a telecinese, o "doppelgänger", a telepatia, a vidência, sonhos proféticos etc. Podemos reconstruir o que, na época, se entendia por "realidade da alma" – esse conceito fundamental da psicologia junguiana posterior – e encontramos aqui também o pensamento fundamental para a dissertação de Jung *A psicologia e patologia dos fenômenos chamados ocultos* (OC 1, § 1ss.)[7].

No fim de sua palestra, Jung retorna para o ponto de partida: para a necessidade de reintroduzir a moral na ciência como um contrapeso ao materialismo, que "envenenou nossa moralidade e causou a dispersão moral da sociedade educada". Menciona explicitamente os experimentos, que incluem "o maltrato cruel de

---

6. Sir John Eccles afirma um espírito independente das atividades do cérebro.

7. Detalhes adicionais dos primeiros estudos de Jung sobre um médium podem ser encontrados em Zumstein-Preiswerk, S. (1975). *C.G. Jungs medium.* Kindler. No entanto, nem todas as informações são precisas, pois Zumstein tenta transformar Nelly Preiswerk em uma heroína.

As palestras da Zofingia   21

animais, que zomba de qualquer humanidade", e insiste que "nenhuma verdade investigada por uma via amoral possui um direito
moral de existir". Esse argumento, que quero ressaltar aqui, não
perdeu nada de sua importância. A falta de moral na ciência só
aumentou desde então. A oposição global às usinas nucleares e
à vivissecção ainda é banalizada como "irracional" e "não científica", como se uma ação orientada pela moral e pela sensibilidade
não tivesse direito de existir.

Na palestra de Jung, segue então um ataque aos "administradores" da religião e à sua ineficácia, porque eles se recusam àquilo
que, segundo Jung, representa o âmago da religião: a realidade do
"misterioso" e do reino "sobrenatural". Também aqui nos deparamos com um pensamento do qual Jung nunca desistiu e que –
como me parece – representará um problema para as gerações vindouras. A maioria dos teólogos modernos ainda busca difamar os
aspectos irracionais da religião e recorre a conclusões altamente
rebuscadas para "defendê-la", na verdade, porém, o que fazem é
avançar sua destruição.

A terceira palestra de Jung, seu discurso inaugural como presidente da fraternidade em 1897/1898, dispensa qualquer comentário. Ela pode ser entendida sem ajuda e apresenta sobretudo a
crítica positiva de Jung e seus postulados na época. Muito do que
ele diz continua sendo verdade. Durante toda a sua vida, Jung
defendeu valores "liberais" (no sentido não político); raramente
ele votava pelo partido liberal-conservador em Zurique, dando
preferência à aliança dos independentes (que, no meio-tempo, tem
mudado seus objetivos políticos) (cf. Odajnik, 1976). A meu ver,
podemos reconhecer nas formulações desse discurso inaugural um
sobretom "heroico", uma admiração por grandes líderes políticos
ou um desejo por eles, coisas que o Jung mais velho não teria
defendido. Ele alcançou o ponto de virada nesse aspecto em dezembro de 1913, quando sonhou que tinha assassinado Siegfried
(*Memórias*, p. 183ss.). Acredito que, até então, ele nutria a convicção de que fosse possível fazer algo pela humanidade ou, no mínimo, pela cultura europeia, que, por meio de atividades *externas*,
pudéssemos encontrar respostas novas às nossas perguntas. O sacrifício de Siegfried acaba com isso. A partir de então, Jung entre-

gou a liderança ao homem primitivo, que confia no inconsciente. Qualquer vontade de poder, cada tentação de agir externamente foi sacrificada. Jung voltou a atenção para sua única tarefa – que ele mesmo formula da seguinte maneira no final de sua terceira palestra: a Zofingia deveria "formar seres humanos e não animais políticos, seres humanos que riem e choram [...] que sabem que estão entre seres humanos, que precisam se suportar, pois todos se encontram na mesma perdição de serem humanos". Quão distantes ainda estamos desse objetivo?

Provavelmente foi a imagem de Siegfried na psique de Jung que Freud sentiu quando quis nomeá-lo príncipe herdeiro e líder do movimento psicanalítico e que fez com que o Jung mais velho tomasse medidas para salvar a Associação Internacional de Psicanálise, o que só lhe causou diversas dificuldades (Hannah, 1982, p. 271ss.). Quando sacrificou "Siegfried", ele estava em harmonia com aquilo que o *I Ging* diz no 1º hexagrama sobre o homem nobre: "Voo hesitante sobre a profundeza. Sem mácula". E o comentário conclui:

> Alcançou-se aqui o ponto de transição, onde a liberdade de escolha pode atuar. Uma dupla possibilidade é apresentada ao grande homem: elevar-se tornando-se influente, ou recolher-se à solidão e desenvolver-se em silêncio. Ele pode seguir o caminho do herói ou o do santo sábio que busca reclusão (Wilhelm, 1923, p. 5).

Jung escolheu o segundo caminho e desistiu, no que dizia respeito à realidade externa, do seu idealismo da juventude.

A quarta palestra, "Reflexões sobre a natureza e o valor da pesquisa especulativa" (verão de 1898), é um espetáculo filosófico fascinante. Alguns de seus pensamentos exigem, hoje, um comentário. Após algumas reflexões sobre a finalidade e o significado da ciência e sobre a futilidade do sucesso externo, Jung dá ao ser humano dois objetivos que talvez possam ajudá-lo a alcançar a felicidade: em primeiro lugar, o cumprimento do *imperativo categórico* kantiano (OC 10, § 825ss.), o que geralmente significa seguir a consciência ética mais íntima e, em segundo lugar, aquilo que, na época, Jung (seguindo o exemplo de Eduard von Hartmann) chamou de "instinto da causalidade" ou "categoria da causalidade",

As palestras da Zofingia

referindo-se à "satisfação da pulsão por causalidade". Hoje, as palavras "causal" e "causalidade" têm outro significado. Aquilo que Jung chamava de "instinto de causalidade" e "pulsão de causalidade" ou "necessidade de causalidade" é, na verdade, um desejo individual de entender a realidade externa e interna. Mais tarde, em *Memórias*, ele o chamará um "impulso urgente de entender" e confessará que este foi "o elemento mais forte de minha obra" e talvez até tenha causado seu nascimento. "Essa pulsão insaciável por entendimento criou para si mesma uma consciência para reconhecer o que é e o que acontece e para, além disso, descobrir representações míticas a partir da alusão escassa do irreconhecível" (*Memórias*, p. 324).

Mais tarde, Jung não teria chamado esse desejo de "instinto de causalidade" nem de "categoria da causalidade", mas de desejo de "experiência de sentido". O fato de essa ideia já estar pronta em seus pensamentos mais ocultos, se manifesta na última parte da palestra, onde ele chama essa necessidade de causalidade de "desejo por verdade", expressando que esse desejo invariavelmente se desenvolve na direção da religião. A princípio, porém, ele insiste em descrever essa busca pelo conhecimento de "uma conclusão [...] em direção ao desconhecido segundo o princípio de razão suficiente" com base na experiência real, sendo que não se deve deduzir um mundo interno a partir de ocorrências do mundo externo[8] nem negar o mundo externo afirmando exclusivamente o mundo interno[9]. Esse é, em suma, o credo científico de Jung, ao qual permaneceu fiel por toda a sua vida e que explica também por que ele se via como um cientista *empírico*.

Na seção seguinte, Jung explica por que ele usa o conceito do "instinto" (causal) para esse desejo de conhecimento – ou seja, por causa da "praticidade" motivada por uma "ideia de propósito inconsciente". O instinto de causalidade é um "desejo ardente por verdade" e uma ambição faustiana. Assim ocorre que, no fim, toda filosofia se desenvolve em direção da religião.

---

8. Como o faz a ciência materialista.

9. Como o faz, por exemplo, o hinduísmo.

As causas últimas, que buscamos alcançar com nossas perguntas científicas, sempre são postuladas desconhecidas ou transcendentes, que Kant chamava de "coisa em si". Nessa palestra, porém, Jung lança uma luz completamente nova sobre essa "coisa em si" de Kant. Na sua concepção, ela pertence a um "mundo do invisível e incompreensível", é "indício [...] de uma continuação da natureza material que se estende ao incalculável, insondável e incognoscível". Kant tinha demonstrado que nosso espírito é delimitado por certas categorias aprióricas inatas, como espaço, tempo, número etc., e, por isso, é incapaz de reconhecer uma "coisa em si", um objeto absoluto. Jung aceitou essa concepção, e isso fez da "coisa em si" algo desconhecido, independentemente de se tratar de um objeto material externo ou de um objeto psíquico interno. Assim, na visão de Jung, a "coisa em si" de Kant se transforma naquilo que, mais tarde, ele chamaria de razão primordial do inconsciente coletivo[10] ou de *unus mundus* (em sua obra tardia *Mysterium coniunctionis*). Ela não é nem material nem intrapsíquico, antes transcende nosso consciente como algo absolutamente desconhecido. Deus e a profundeza do universo exterior são exemplos desses fatos desconhecidos.

Mais adiante, fica claro que também a nossa suposição inconsciente é um desses fatores desconhecidos que, assim que ele se torna consciente ou conhecido, deixa de ser uma "coisa em si". Podemos reconhecer já aqui o que Jung dirá mais tarde sobre o arquétipo: uma estrutura inconsciente, desconhecida em si mesma, que só podemos observar em suas manifestações como imagens, ideias e emoções arquetípicas. De acordo com o Jung mais velho, um símbolo arquetípico morre e se torna obsoleto assim que seu conteúdo se torna conhecido e pode ser formulado intelectualmente. Até então, ele contém um tesouro de aspectos desconhecidos. O mesmo vale para todos os modelos e hipóteses arquetípicos científicos – que, em sua palestra, Jung chama de princípios.

A ciência se aproxima desses princípios ou desse princípio (pois eles são um uno múltiplo) num processo infinito. Mas isso

---

10. Ele volta a falar disso mais tarde numa carta de 8 de abril de 1932 para A. Vetter. Cf. Jung, C.G. (2002). *Cartas: 1906-1945* (vol. 1). Vozes.

As palestras da Zofingia

levanta a pergunta se existem um ou dois (ou vários) desses princípios. Primeiro Jung chama atenção para o fato de que o princípio fundamental de Schopenhauer, a vontade, é uma derivação mais desenvolvida da "coisa em si" kantiana. A vontade é inconsciente porque ela criou um mundo cheio de sofrimento, o que Schopenhauer explica com a *cegueira* da vontade; e Hartmann, com o fato de que a "coisa em si", ou seja, o fundamento transcendente da existência, é *inconsciente*. Os dois chegam a esse resultado porque eles têm um coração sensível ao sofrimento humano. Essa é a passagem em que Jung formula pela primeira vez e com grande emoção o *problema dos opostos*. O que, no observador, se desdobra como um conflito entre pensamento monista e experiência sensível da desarmonia na vida é, no mundo externo e interno geral um jogo de opostos. Jung defende aqui uma visão do mundo dualista e pessimista e cita Eclo 33,15-16 e Jakob Böhme.

Os detalhes da última parte da palestra, cujo tema é a física, já são ultrapassados. Aparentemente, Jung está visando a um aspecto duplo da realidade: ativo, vivo, criativo se opõe a passivo, inerte e morto. Essa oposição lembra a filosofia do Yin-Yang na China (que Jung ainda não conhecia na época), com sua visão unilateralmente positiva do princípio do Yang. É justamente essa unilateralidade de uma visão da vida puramente masculina que, mais tarde, ele desvelaria na imagem de Siegfried. Só depois disso pôde se abrir para o princípio feminino. E assim, ao descobrir e estudar a alquimia, ele encontrou o conceito de uma *coniunctio oppositorum* e desistiu de se agarrar à sua visão pessimista do mundo, a luta trágica e infinita entre os opostos. Como podemos ler aqui, sua compaixão profunda com o sofrimento da humanidade havia sido o motivo para a sua visão pessimista da vida e, talvez, até para sua decisão de se tornar médico.

Essas perguntas atormentadoras que Jung levanta em sua palestra nos mostram também o quão ele deve ter ficado impressionado quando se deparou com a alquimia, pois ela é (como demonstrou) uma contracorrente pré-científica, que busca reconciliar e unificar aqueles opostos cósmicos e intra-humanos que o dogma cristão tinha separado. A vontade cega de Schopenhauer e o inconsciente da razão de ser transcendental de Hartmann nos levam assim em linha direta à convicção de Jung de que Deus, ou a razão primordial da existência, é inconsciente e precisa do ser humano para se tornar consciente (cf. *Resposta a Jó* e o capítulo "Últimos pensamentos", nas *Memórias*).

A última palestra dessa série traz o título "Reflexões sobre a interpretação do cristianismo com referência à teoria de Albrecht Ritschl" (janeiro de 1899). Ela nos leva à teologia e é uma continuação direta do que foi dito acima: é uma transição para a religião. Assim como Kant, que, após apresentar a autolimitação lógica do pensamento filosófico racional, voltou sua atenção para o "céu estrelado acima de nós e para a lei moral em nós" – ou seja, para uma defesa à religião –, Jung também chegou à convicção de que nosso anseio mais profundo por consciência é de natureza religiosa. Suas *Memórias* nos contam que ele teve vivências religioso-numinosas desde muito cedo, mas das quais ele evitava falar porque pareciam assustar e alienar os outros. A tendência do tempo, até mesmo na teologia, era contrária a todos os lados misteriosos, sobrenaturais e numinosos da religião. Sabemos que até as convicções religiosas do pai de Jung nos últimos anos de sua vida foram minadas pelas dúvidas materialistas daquele tempo, o que provocou muitas discussões infrutíferas entre pai e filho. Em sua palestra, Jung usa o teólogo Albrecht Ritschl como exemplo para esclarecer seu ponto de vista crítico. Primeiro, ele reúne uma coletânea de palavras de Jesus e as usa para fundamentar o que pretende comunicar: que Jesus havia sido um Deus-homem e, como tal, um fenômeno misterioso que não pode ser explicado racionalmente. Pessoas como Ele são "sua ideia própria, desprendida dos espíritos de seu tempo [...]. Elas não nasceram do fundamento histórico, mas sabem que são livres de qualquer condição em seu ser mais íntimo". É notável que, aqui, Jung usa o plural, dando a entender que, para ele, Cristo não foi o *único* Deus-homem, como alega a doutrina cristã. Seus escritos posteriores nos revelam que, na sua percepção, Buda também foi um Deus-homem.

Então Jung amplia a visão e explica como, desde o Renascimento, a filosofia começou a desenvolver a ideia de um "homem normal", à qual recorrem *secretamente* todos os resultados epistemológicos, e os filósofos e teólogos passaram a usá-la para "ava-

As palestras da Zofingia

27

liar" a imagem de Cristo. Mais tarde, Kant defendeu o ponto de vista de que Deus seria "apenas um conceito-limite negativo" – com isso, todo sentimento foi expulso do conceito de Deus e, assim, também qualquer possibilidade de uma experiência viva de Deus. E então Jung esmiúça como Ritschl explica Cristo e o cristianismo. Hoje, as teses de Ritschl (que, diga-se de passagem, também influenciaram Karl Barth) não interessam mais, porém as conclusões lógicas frias da maioria dos teólogos de hoje ainda são marcadas pelo mesmo estilo. Alguns anos atrás, quando fiz uma palestra sobre a ressurreição de Cristo, um teólogo me informou com uma postura condescendente que, evidentemente, a ressurreição de Cristo não é "verdadeira", como alegam os evangelhos, mas apenas uma figura retórica para descrever o efeito continuado de Cristo no mundo. Esses tipos de concepções, afirma Jung, satisfazem apenas o impulso de usar Cristo para justificar "ideias humanitárias nostálgicas", uma crítica que ele repetiu em 1952, em uma carta a Upton Sinclair sobre seu livro *A personal Jesus*[11]. Hoje em dia, outros teólogos seguem a máxima "Deus está morto", de Nietzsche, ou a interpretação biológica da religião, defendida por Freud.

Vista sob esse aspecto, a leitura da crítica de Jung a Ritschl ainda vale a pena, pois a teologia moderna também está envenenada pelo pensamento reducionista criptomaterialista. Cada experiência de Cristo ou de Deus, cada *unio mystica*, é negada, e um tédio mortal se infiltra em toda a nossa vida religiosa. Mas então Jung diz que não parece correto "jogar fora" toda a nossa tradição cristã só por causa disso. Devemos absorver a "sobrenaturalidade da natureza de Cristo [...] como tal – *talis qualis* – em nossa consciência moderna" e, além disso, devemos aceitar o "mistério", o mundo das ideias metafísicas, ao qual Cristo pertence e do qual emerge toda a vida religiosa. No entanto – e aqui, no fim, Jung chega a falar rapidamente da grande pergunta ainda aberta – isso significaria um retorno para a Idade Média e a "dissolução da ordem natural existente". Pois, assim acredita Jung, no que diz res-

---

11. Cf. a carta de 3 de novembro de 1952 em Jung, C.G. (2002). *Cartas: 1946-1955* (vol. 2, p. 261-265). Vozes. Cf. a carta de 30 de junho de 1956 a Elined Kotschnig, em Jung, C.G. (2003). *Cartas: 1956-1961* (vol. 3, p. 34-38). Vozes.

peito à natureza, nossas conquistas civilizadoras seriam destruídas. A palestra termina com uma pergunta não respondida, uma pergunta que atormentou Jung por toda a vida. Em 1912, ele chegou à conclusão de que *não* poderia retornar para o mito medieval ou cristão original (*Memórias*) e, com a ajuda de uma forma de meditação que, mais tarde, chamaria de "imaginação ativa", foi à procura de seu mito pessoal. O mundo de imagens que descobriu durante essa busca, lhe pareceu subjetivo e "estranho" até encontrar sua amplificação histórica coletiva: o mundo da alquimia. E ele descobriu de que modo esse mundo dos símbolos religiosos alquímicos se refere de forma compensatória (mas não contrária!) ao cristianismo medieval, como explica em sua introdução à obra *Psicologia e alquimia*. Daqui, há uma linha direta que leva ao que, no capítulo "Últimos pensamentos" (*Memórias*, p. 83-141), Jung resume como seu credo verdadeiro. Ele afirma, nesse ponto, que o cristianismo não deveria ser abolido, mas que deveríamos "sonhar" com seu mito e desdobrá-lo, para que as perguntas, que não foram respondidas pelo cristianismo na Idade Média, possam ser respondidas, ou seja, a integração do princípio feminino como natureza ou matéria no simbolismo e na doutrina cristã excessivamente espiritualista e, além disso, um confronto honesto com o problema do mal a exemplo daquilo que Jung fez em *Resposta a Jó*. Certa vez, Jung me disse que, se pudesse, reescreveria seus livros, exceto *Resposta a Jó*: esse livro poderia permanecer do jeito que é, palavra por palavra.

Marie-Louise von Franz
Küsnacht 1983/1987

I
Sobre as regiões limiares da ciência exata
(novembro de 1896)

1.1 Introdução

Meu trabalho se divide em três partes. A primeira: uma introdução para mim; a segunda: uma introdução para os outros; a terceira, o trabalho em si.   **1**

Escolho como lema para minha introdução pessoal como primeira parte: "Ai daquele que se assenta na reunião dos zombadores"[12] (Sl 1,1).   **2**

Há muitos bons cidadãos de Basileia aqui presentes que confirmarão prontamente que, desde sempre, uma das peculiaridades da minha família – de ambos os lados – tem sido chocar cada cidadão bem-intencionado, pois não estamos acostumados a sussurrar com voz doce e sorriso amável e passar mel na boca dos honradíssimos tios, tias, primos e primas. Além disso, parece-me que nasci em hora nefasta, uma vez que sempre falo e ajo conforme me inspira meu coração negro. As ações mentais, verbais e manuais correspondentes se encontram classificadas nas colunas inabaláveis do grande livro geral, chamado de bom tom, como maldade, falta de educação, indecência, falta de vergonha, má educação, mal comportamento, conceitos estes que sugiro consultar nas apostilas do ginásio inferior. Ainda sofro dessa peculiaridade doentia e pretendo aproveitá-la agora, pois, por sorte, que estou empenhado na debulha, e seria uma grande injustiça justamente agora amarrar a boca do boi.   **3**

---

12. No manuscrito, Jung apagou "que em companhia dos ímpios, não se detém no caminho dos pecadores" (transcrição livre de Jung de Sl 1,1).

4   (Considero-me feliz por dever a uma comissão estimadíssima, ao sábio comitê do bem-estar, a oportunidade de retirar bugigangas de meu cérebro destroçado.)

5   Dita o costume, iniciar cada palestra com uma *captatio benevolentiae lectori sive auditori benevolo* [uma fórmula que demanda favor do leitor ou ouvinte]. Especialmente eu dependo disso. Eu, porém, em minha simplicidade comovente, não sei bem como inserir minha pessoa e voz indecentes na forma correta. Infelizmente, tornei-me ciente apenas ontem do fato de que vossa comissão estética possui ouvidos muito sensíveis, que não suportam nem uma expressão de júbilo nem qualquer voz forte, nem uma expressão forte nem uma palavra alta. Que vossa comissão me perdoe e graciosamente aponte um caminho que me permita moderar minha voz e pessoa, para que também raposas doentes possam acompanhar minha palestra sem que sua sensibilidade estética seja prejudicada.

6   Visto que também sei muito bem que minha modesta pessoa é repugnante para vossa comissão e cada cidadão bem-intencionado, que todos gostariam de me equipar com um salvo-conduto para o inferno, peço com palavras comoventes que reconduzam o perdido ao caminho da virtude, não só a mim, mas também a meus amigos, cuja obscenidade e infâmia é grande. Peço que acolham esta ovelha sarnenta, que só sabe balir o que sua mente ovelina lhe inspira, na sociedade humana, em que só se fala a verdade um ao outro na embriaguez e mente um para o outro linda e inocentemente na sobriedade, o que é motivo de grande alegria para Vossa Excelência, o diabo, e sua querida avó.

7   Que me mostrem como se faz para que não se tenha falta de bom tom, como, igual a uma boneca recém-pintada, se anda pelas ruas, o quanto é preciso mentir até que o outro acredite e como se deve imitar as virtudes orientadoras de vossa comissão.

8   Caso minha figura provoque um desgosto generalizado durante a palestra que está prestes a começar, peço que atribuam à minha simplicidade o fato de eu ainda não ter conseguido penetrar o mistério de um tribunal jovial e amigável e semioficial.

9   Peço que me perdoem caso esta introdução pareça estranha ao lado do título de meu trabalho, no entanto, não pude dizer outra coisa, visto que existe certa regra, da pessoa rude que merece tratamento rude.

As palestras da Zofingia

O objetivo desta primeira parte foi apresentar-lhes minha 10
pessoa; o objetivo da segunda introdução é apresentá-los a mim[13].

1.2 Sobre as regiões limiares da ciência exata

Ao ousar escolher um tema para meu pequeno trabalho que 11
não corresponde à parte mais nobre da nossa máxima "pátria",
pretendo fazer uma humilde contribuição para o esclarecimento
de algumas perguntas que permaneceram em aberto nos trabalhos
interessantes de membros da nossa seção no último semestre de
inverno e de verão[14]. Digo "algumas perguntas que permaneceram
em aberto", não porque os trabalhos mencionados não tenham es-
gotado seu tema, certamente não, mas justamente porque, devido
à sua execução extraordinária, ajudaram a levantar toda uma série
de perguntas sumamente interessantes. A característica de um bom
trabalho é sempre aludir mais ao alcance dos problemas tratados
do que executá-los.

A maioria de nós ouviu aquelas duas palestras, e certamente 12
todos foram confrontados com perguntas cuja importância não se
limita às divisas de uma disciplina, mas exige o interesse total de
todo estudioso. Não são problemas específicos a uma disciplina,
mas problemas de natureza humana geral, cuja solução objetiva
ou subjetiva é, ou deveria ser, uma necessidade urgente para cada
pessoa pensante.

Como sabemos, o princípio da inércia não se limita ao campo 13
dos fenômenos físicos, como lei fundamental, ele também domina

---

13. O manuscrito não indica claramente onde termina a parte introdutória e
onde começa o texto principal.

14. O manuscrito de Jung apresenta uma anotação na margem: "G. Pfisterer:
Die Herkunft der lebenden Wesen, Centr. Bl. Aug. 1896; Stähelin". Isso
é uma referência a Pfisterer, G.A. (1896). Die Herkunft der organischen
Wesen. *Centralblatt des Schweizerischen Zofingervereins, 36*(10), 609-631; e
Staehelin, K.R. (1896) Die verschiedenen Erklätungen des Lebens. *Centralblatt
des Schweizerischen Zofingervereins, 36*(6), 387. Dr. Pfisterer (1875-1968) se
tornou médico clínico e mostrava uma preferência pela medicina holística. Dr.
Stähelin (1875-1943) se tornou professor de Clínica Médica na Universidade
de Basileia.

o pensamento humano e, como tal, é um fator ainda mais importante no desenvolvimento da história mundial do que a burrice[15].

14   Esse *principium inertiae* [princípio da inércia] inerente à humanidade nos permite entender por que, hoje em dia, no tempo da hipercrítica em todos os campos, entre os estudiosos, principalmente entre médicos e pesquisadores da história natural, ainda há pessoas que não se envergonham em proclamar em voz alta seu materialismo e, portanto, seu *testimonium paupertatis* [testemunho de pobreza] diante de todo o povo. Não devemos, porém, julgá-los com um rigor excessivo, pois elas só agem segundo um exemplo famoso e só repetem o que diz o papai DuBois-Reymond[16] em Berlim. Afinal de contas, não podemos exigir de todos que pensem por conta própria. A *ultima ratio* nesse caso seria a "revolução de cima para baixo"; mas esta ainda demorará e ainda se faz necessário o trabalho de algumas décadas para vencer a inércia das multidões. Mesmo sabendo que estou jogando água no mar ao combater o materialismo, espero poder fazer uma contribuição para o esboço do colosso risível com seus pés de argila.

15   Para o propósito mencionado, neste trabalho, tento oferecer uma representação crítica das teorias e hipóteses da ciência exata, na medida em que estas sejam determinantes e fundamentais para o ponto de vista atual. Tratarei somente dos teoremas absolutamente indispensáveis para a explicação de sua essência e, dentre estes, escolherei apenas os mais importantes e mais conhecidos.

---

15. Acréscimo posterior dos §§ 13-19 à versão manuscrita. É possível que as duas citações de Kant tenham marcado a transição para a parte principal.

16. Emil Heinrich DuBois-Reymond (1818-1896), nascido em Berlim, foi professor de Fisiologia na Universidade de Berlim. Ele fundou a ciência moderna da eletrofisiologia e foi o primeiro a pesquisar o efeito da eletricidade sobre nervos e fibras musculares. Ele trabalhou com o fisiólogo e físico alemão Hermann von Helmholtz (1821-1894). Juntamente com o fisiólogo alemão Carl Ludwig (1816-1895), eles influenciaram o pensamento biológico na Europa com sua tentativa de unir a fisiologia à física aplicada e à química. Essa ideia influenciou fortemente as teorias psicológicas de Sigmund Freud (1856-1939) e contribuiu para a libertação da fisiologia de todas as teorias vitalistas, que o próprio Jung apoiou durante um período. Os vitalistas viam a matéria como algo que emerge de uma "força vital". Nas palestras aqui publicadas, Jung trata da disputa "mecanicista-vitalista".

As palestras da Zofingia 33

Se essa tentativa crítica, cujo objetivo principal é apontar 16
certas contradições, permanecesse fiel a seu caráter, seu resultado
negativo seria um dilema irresolúvel. Visto, porém, que isso não
satisfaria a nenhum leitor, eu me permiti tirar ainda as consequências mais evidentes para demonstrar as precondições metafísicas
necessárias para toda ocorrência física. Destarte, o efeito dissol-
vente da crítica pode ser paralisado, e um resultado positivo pode
ser obtido e poderá servir como ponto de partida para excursos
críticos adicionais no campo da metafísica.

Considero a melhor *captatio benevolentiae* permitir que 17
duas palavras de Immanuel Kant conduzam minha tentativa à
esfera pública:

"Pois cada substância, mesmo um elemento simples da ma- 18
téria, precisa ter alguma atividade interna como razão da eficácia externa"[17].

E: "O que, no mundo, contém um *principium* da vida parece 19
ser de natureza imaterial" (Kant, 1766, p. 934).

Existem, como todos sabem[18], e falo aqui apenas de supostos 20
"estudiosos", que passam pela vida com um embrulho enorme de
erudição, mas, até o "gélido túmulo", só se preocupam em rotular
diligente e cuidadosamente o conteúdo de seu embrulho, para –
quando a oportunidade se oferecer – abrirem sua loja de bugigangas
e se banharem no respeito dos não iniciados. Mas ignoram tudo e
todos que possam perturbar minimamente a ordem perfeita de sua
loja de raridades. Perturbadores indesejados, que possam querer
mais do que alguma bugiganga, são moralmente massacrados o mais
rápido possível. Assim, garantem uma paz mundial científica, que
só recebe ainda maior destaque pelas pequenas brigas entre alguns
poucos estudiosos por causa de certos problemas em sua disciplina.

---

17. Immanuel Kant (1724-1804), filósofo alemão, fundador da filosofia transcendental; Kant, I. (1983). *Träume eines Geistersehers, erläutert durch Träume
der Metaphysik*. Wissenschaftliche Buchgesellschaftapud Weischedel, W. (org.)
(1960). *Werke in sechs Bänden*. Insel. (Na obra original de Kant, publicada em
1766, a citação está no vol. 1, p. 935).

18. No original manuscrito, este e os próximos parágrafos (§ 20-41) foram
riscados.

A superfície do mar da erudição, porém, permanece calma e perfeita como a superfície de um espelho. Todos se alegram e se sentem elevados pelo pensamento de que tudo é lindo e perfeitamente explicado e dividido. Embora o cidadão erudito não saiba de tudo pessoalmente, existem aquelas pessoas chamadas de autoridades que, como todos sabem, têm um conhecimento maior do que os estudiosos comuns e que ousam afirmar que tudo é perfeitamente liso e funciona. Normalmente, porém, esses socorristas, chamados de "autoridades", não são chamados, pois as pessoas costumam se contentar com o conhecimento de que eles existem. Sim, somos tentados até a afirmar que muitos, e – quem sabe? – talvez a maioria, se diverte deixando-se levar pela correnteza da maioria sem nem mesmo possuírem qualquer consciência disso. Estes são os mais felizes entre os estudiosos, pois podem provar da doçura do conhecimento científico sem temer qualquer punição. De modo mais ou menos ingênuo, desfrutam da luz dourada do dia. Não existem para eles perguntas, nem enigmas, nem o alto, nem o baixo, nem o claro, nem o escuro. Seus sentimentos e pensamentos, sua filosofia e religião culminam num pensamento: existe certo indivíduo fulano de tal, ele vive em tal lugar e – vegeta.

21   Será que disse demais? Acredito que não. Mas existe um meio fácil de se convencer da corretude do que foi dito, basta que nos perguntemos: quais são os objetos do maior interesse e de que região eles provêm?

22   Para responder a essa pergunta permito-me escolher apenas algumas flores do tipo guirlanda e oferecê-las ao ouvinte na forma de um buquê.

23   Se eu começasse no limite do possível com a enumeração dos objetos que interessam aos estudiosos, eu seria obrigado a procurar um público que desaprendeu a sentir vergonha. Nos dias de hoje, já não é uma raridade ver um estudioso, ou até mesmo uma pessoa científica, revirar-se na lama da banalidade mais baixa[19]. Mas esqueçamos isso; tais coisas são um tanto impopulares até entre os chamados estudiosos. Pretendo escolher outra peça do

---

19. Apagado: "O espírito humano fino se locomove sobre um solo no qual nem mesmo um porco pisaria".

As palestras da Zofingia 35

depósito da ridicularia erudita. Estou falando do *mamon*. Quem não se interessa por ele de uma forma ou de outra perde o propósito da vida. Talvez devamos nos esforçar para fazer uma pequena estimativa, mesmo que apenas aproximativa, sobre quantos pertencem ao grande bando que entoam um *Te Deum* quando os juros aumentam um milésimo de um ponto. Evidentemente, incluo aqui todos aqueles que estudam para ganhar seu pão de cada dia ou que mantêm em reserva uma "noiva rica".

Basta incluir nesse grande "exército da salvação" 90% de todos os estudiosos? Acredito que podemos nos contentar com essa estimativa. 24

Permito-me declarar abertamente minha opinião irrelevante: afirmo que é vergonhoso que um estudioso aceite a ideia do poder do dinheiro; é ainda mais vergonhoso quando ele tira o chapéu diante da carteira e lhe presta sua reverência; o mais vergonhoso e mais miserável, porém, é quando usa (ou abusa) seu conhecimento e sua habilidade para se apoderar do bendito *mamon*. 25

Devo comprovar essas afirmações com a ajuda de exemplos luminosos? Devo falar de todos aqueles que usam a ciência e os estudos somente para encher a carteira com a glória científica o mais rápido possível? Devo falar dos estudiosos que, supostamente, estão no "topo da humanidade", mas que vendem sua ciência e seu conhecimento por trinta moedas de prata? 26

Não quero falar deles, prefiro me calar, pois decidi não partir para o ataque pessoal. 27

Só quero lembrar uma bela palavra: "Em todos os lugares, podem comprar-se por dinheiro: estudiosos e – prostitutas". 28

Outra peça, não menos pomposa, é a honra diante das pessoas, a chamada carreira, e seus escravos são aqueles que chamamos de "carreiristas". Eles trabalham, eles se esforçam, eles correm pela vida, mas o fazem não em benefício de si mesmos, nem de seus próximos, mas em nome de uma ficção, de uma alucinação. Desperdiçam sua vida com energia desumana, atropelam a verdade e o direito, destroem obstinadamente a felicidade pessoal e a dos outros, tentando alcançar e capturar o reflexo do fantasma de sua própria fantasia exagerada: a honra diante das pessoas. 29

30 O "carreirista" existiu em todas as eras, é preciso admitir isso. Antigamente, porém, ele era um grama na tonelada, hoje ocorre em punhados. É um sinal significativo de nosso tempo, esse fenômeno de pessoas que se gabam de serem "céticas", que são radicais a ponto de enojarem as pessoas comuns, e que veneram como mais nobre propósito da vida uma farsa louca, uma ideia vazia que zomba de qualquer sensata visão de mundo. Elas ridicularizam a fé ingênua do simplório e, ao mesmo tempo, se reviram no pó diante da cria idolatrada de sua fantasia doente.

31 Significativo, muito significativo, é esse cometa que ilumina o túmulo de nosso século moribundo.

32 Bem, acabamos de colher três flores venenosas para a nossa pequena guirlanda. Escolheremos ainda algumas outras flores mais inocentes, que alimentam os cordeiros entre os estudiosos.

33 Sugiro que ouçamos o que diz um grupo de estudiosos durante o jantar e esboçar sucintamente o conteúdo da conversa inteligente.

34 A dona ou o dono de casa erudito pretende entreter os convidados com teatro, concerto, artes e artificialidades e também com um pouco de ciência popular. Alguns bocados de política também serão servidos como estimulantes.

35 Todos conversam educadamente sobre os temas mencionados. Elogiam ou criticam comedidamente a apresentação em cartaz no teatro, ou o concerto do dia anterior. A exposição no museu de arte provoca um pouco mais de indignação, mas todos têm o cuidado de não defender uma posição extrema passível de provocar oposição. Animados, alguns se lembram da crítica dura no jornal, outros riem moderadamente de uma pintura condenada pela opinião pública e enfiam dois dedos no bolso para demonstrar seu juízo independente. Então tomam um gole de vinho e passam a tratar da política. Evidentemente, falam das atrocidades na Armênia. Com palavras muito bem-educadas e cuidadosamente selecionadas, expressam sua estranheza diante do sultão que muito atormenta os coitados armênios. Contam as notícias mais recentes que acabaram de ler no jornal, e o interlocutor faz de conta que realmente ainda não sabia disso e que se interessa intensamente pelo destino dos bons armênios. Depois é a vez dos raios-X, e então já está na hora de ir para casa. Todos estão encantados e juram por Deus que a conversa foi muito animada e espirituosa.

As palestras da Zofingia

Juntando agora essas flores, reunimos a sociedade culta e suas 36
esferas de interesse.

Visitamos pessoas nas quais esperávamos encontrar profundi- 37
dade, mas todas elas só pulam em águas rasas. Não é triste quando
pessoas academicamente formadas, que, por ocasião de sua matrí-
cula, fizeram o juramento moral de dedicar sua vida à ciência e à
verdade, acabam nesse lamaçal?

Devemos nós também desaguarmos na superfície enganosa da 38
banalidade? Devemos nós também sermos condenados por termos
enterrado o valioso talento que nos foi confiado [São Mateus 25,
24-28]? Não temos nós o dever sagrado de preservar o germe do
conhecimento nascente diante do sopro mortal da falta de interesse?

Devemos perguntar, devemos buscar a verdade, devemos 39
conquistar conhecimento, não temos alternativa. Realmente são
tristes e miseráveis estes sujeitos que são preguiçosos demais para
abrir os olhos e se fingem de mortos quando têm a sorte de se
deparar com uma pergunta. Infelizmente, os cultos também sabem
viver no casulo de uma larva da farinha.

De onde vem a falta de interesse insondável dos nossos estu- 40
diosos? Assim perguntaremos. Diversas causas contribuem para isso:
em primeiro lugar, a quantia incontável de livros estúpidos, que são
devorados com prazer e desviam a atenção do espírito. Em segundo
lugar, o *modus vivendi* geral do nosso tempo, em que se estuda para
ganhar o pão de cada dia e em que se trabalha para sua disciplina.
Em terceiro lugar, o dogma segundo o qual a ciência explica algo.
E, em quarto lugar, a insensibilidade universal, que faz com que ninguém se interesse pelo objeto nem pela razão da pesquisa.

Não existe remédio contra a falta de interesse, pois: "Até os 41
deuses lutam em vão contra a estupidez" (Schiller, [19--?], vol. 2,
p. 463). É preciso ignorá-la.

Quando um leigo pergunta pelo resultado das ciências exatas, 42
costumamos falar: na física, das leis da gravidade, da teoria das ondas e do éter[20]; na química, da teoria dos átomos e das moléculas;

---

20. Na física do final do século XIX, acreditava-se que o éter era um meio
para a transmissão de ondas de luz e calor e que ele preenchia todos os espaços
vazios. Quando Albert Einstein desenvolveu a teoria da relatividade em 1903,
essa hipótese foi abandonada.

na zoologia, da *generatio aequivoca*[21], de descendência e seleção, assim como na botânica; na fisiologia, de mecanismo e vitalismo. Se formos honestos, encolheremos os ombros após nossa fala. Normalmente, porém, não o fazemos, pois passamos uma impressão melhor quando falamos de dogmas. Isso impressiona mais.

43 Mas, se nos perguntamos insistentemente, se as coisas realmente são assim ou se apenas temos essa impressão, a coisa muda completamente. Um sistema, uma teoria após a outra começa a balançar. Muitos sistemas e teorias conseguem permanecer com contornos indefinidos, outros implodem totalmente. Tomemos, por exemplo, a hipótese do éter, na qual se apoiam as teorias de luz, calor e eletricidade. Nossa pergunta é: o éter realmente existe? Temos provas de sua existência? Não existem provas positivas, nunca ninguém percebeu o éter com seus cinco sentidos. O mais lógico seria então a afirmação: o éter não existe. Mas a existência do éter é um postulado necessário da razão. Como devemos pensar movimentos, ou seja, manifestações de força, que não sejam vinculados a um corpo? Como devemos explicar a existência de frequências se não houver um corpo que vibra e oscila? Como a luz pode ser transmitida num vácuo absoluto? Como a faísca elétrica avança se não houver portador para ela? Mesmo assim, esses fenômenos ocorrem, a luz atravessa distâncias incalculáveis no grande vácuo entre as estrelas, o relâmpago sai da nuvem e acerta a terra. Então, deve existir um portador, um corpo que transmite as manifestações de força. Mas esse corpo é imperceptível para nossos sentidos, tanto subjetiva como objetivamente. Ele é completamente imaterial, no entanto, possui qualidades materiais que podem ser percebidas por nossos sentidos. Não existe, portanto, colisão entre realidade e razão. Essa não é uma violação grave contra toda a concepção cético-materialista da ciência natural moderna? Podemos chamar isso de explicação? Não é algo que contraria todo bom-senso?

44 Na ciência, não gostam de falar do éter, pois é desagradável lidar com qualidades e manifestações de força para as quais não conseguem encontrar um corpo a que estivessem vinculadas. Se am-

---

21. *Generatio aequivoca*: a teoria de que a vida orgânica pode surgir da matéria inorgânica.

As palestras da Zofingia 39

pliarmos ainda mais o nosso dilema, é, para nós, uma exigência racional absoluta declarar que, se a existência do éter é negada, a existência da luz também é ilusória. Mas, se o éter existe, a razão exige que a luz seja a qualidade de um corpo não perceptível, ou seja, de um corpo imaterial e, no sentido pleno da palavra, metafísico.

Mas para onde nos leva essa simples reflexão? Por meio de um raciocínio incrivelmente simples, de repente saímos do campo dos fenômenos reais e entramos num campo em que nos deparamos com a palavra mais desprezada da ciência prática: a palavra "metafísico". Foi realmente o espírito da ciência exata que nos apontou esse caminho? Não pode ser diferente, pois esse resultado é a próxima consequência que precisa ser tirada dos fatos. **45**

Numa situação tragicômica semelhante às qualidades sem dono, encontra-se um corpo com uma qualidade impossível. Esse corpo é a própria matéria. Como sabemos, todos os corpos possuem a qualidade inerente de atrair uns aos outros. Esse fato se chama gravitação universal[22]. Uma explicação da gravitação nos leva a raciocínios circulares fatais. O argumento final sempre é: porque é uma qualidade do corpo. Como devemos imaginar essa atração entre os corpos? Não resta dúvida de que ela ocorre, mas como, de que forma? Como a qualidade do corpo pode se expressar no corpo? É exercida uma força que se transfere de um corpo para outro. Portanto, ela precisa vencer certa distância para alcançar o outro corpo. Mas como é transmitida? Como já vimos, uma força sem portador é algo impossível. Então, durante o percurso entre A e B, a força precisa encontrar um portador ou condutor. Será que o éter cômodo assume essa função? Nesse caso, a força passaria de um átomo do éter para o próximo, no entanto, isso significaria simplesmente que, de modo temporário, a qualidade do corpo seria transferida para os átomos do éter. Mas, se passassem a possuí-la, eles se atrairiam e se formaria um conglomerado de éter concêntrico em torno de A e B, e seria o fim da transferência da força de A para B. Ou devemos declarar que o éter é indiferente em relação à força da atração? Isso, porém, seria uma explicação totalmente transcendente, ou seja, ultrapassaria em muito a nossa capacidade **46**

---

22. Apagado: "A força gravitacional é uma das histórias mais complicadas".

40 C.G. Jung

de compreensão. Pois como uma qualidade pode ser transmitida por um corpo que se comporta de forma totalmente indiferente em relação a ela? Aqui, a contradição já está na definição. Afinal de contas, é impossível que o condutor, para que possa ser definido como tal, assuma a qualidade por um tempo sem suas manifestações típicas, ou seja, isso significa que ele não a assume. Nesse caso, o condutor precisaria ser construído de tal forma que aceite ou transmita uma qualidade sem assumi-la como tal. Isso ultrapassa tanto a nossa razão que voltamos para o metafísico. Pois querer explicar uma hipótese com a ajuda de outra seria banal demais[23].

47 E então, como o problema da atração se comporta em relação à lei da conservação da energia? Não existe outra lei que tenha tido tantas confirmações universais como esta. As provas provêm em abundância da natureza anorgânica e orgânica. Sem essa lei, todas as teorias e todos os experimentos das nossas ciências exatas seriam simplesmente impossíveis. A lei da conservação da energia nos ensina que certa soma de energia permanece constante sob quaisquer circunstâncias, ou seja, que cada energia possui um equivalente cuja diminuição é proporcional ao aumento da energia. Contemplemos uma fonte de energia qualquer, por exemplo, uma usina elétrica, que, a cada dia, fornece um tanto de energia elétrica. De onde vem a energia, e qual é seu equivalente? Seu equivalente é a energia cinética da queda d'água, cuja energia captamos com as turbinas. Mas qual é o equivalente da energia da água? Encontramos este na energia potencial da posição, ou seja, no fato de que a água cai do alto. A água obtém sua energia potencial da posição do calor do sol, que fez com que a água evaporasse e assim alcançasse essa posição.

48 É desnecessário desdobrar ainda mais esse exemplo. Acredito que todos entendem o sentido da lei.

49 Apliquemos agora essa lei ao problema da gravitação universal e perguntemos: qual é o equivalente da força gravitacional? Pois ela precisa ter um equivalente, caso contrário a lei da conservação da energia perderia sua validade universal.

---

23. Apagado: "Alcançamos um limite em que a ciência simplesmente nos abandona".

As palestras da Zofingia 41

A atração ocorre constantemente, pois cada corpo é constantemente pesado e exerce uma pressão frequente sobre seu plano de repouso. Portanto, a força não cessa quando o corpo encontra sua posição de repouso. A atração não se torna latente, mas se expressa constantemente como peso. De onde, porém, o corpo obtém essa energia? Devemos supor que ele a obtém a partir de si mesmo. Nesse caso, ele possui em sua substância o equivalente ao peso. Portanto, devem ocorrer certas mudanças no corpo que efetuam o desenvolvimento de energia. Essas mudanças são necessariamente de natureza material se, como fenômeno de efeito, ocorre uma energia que pode ser demonstrada de forma material. As mudanças materiais são, porém, subjetiva ou objetivamente perceptíveis para os nossos sentidos, portanto, deve ser possível constatar o equivalente à atração. Na verdade, entretanto, não é possível constatar nenhum equivalente. Não ocorre nenhuma mudança, nem dentro nem fora do corpo, ele permanece inalterado e seu peso é constante. Contentamo-nos com o raciocínio circular: a matéria possui peso, pois sua qualidade é ser pesada. Novamente, observamos uma colisão entre razão e realidade. A razão exige um equivalente, a realidade não possui equivalente.

Cometeríamos um erro grave se quiséssemos usar esse resultado como argumento contra a lei da conservação da energia. Porque, se analisarmos bem, a lei não exige ser aplicada à gravitação universal, pois aqui ela tem sua origem. Ela só expressa a constância de certo conjunto de energia, e é esse conjunto que temos diante de nós. A força de atração universal representa justamente o conjunto de energia específico, e a lei faz uma declaração sobre sua constância e suas modificações. O equivalente, que gostaríamos de reconhecer a partir do ponto de vista de uma contemplação do espaço mais elevada, não existe para nós, ele se encontra no absoluto.

Voltemos nossa atenção agora para a teoria dos átomos e das moléculas, na qual se apoia o sistema da química moderna. O ouvinte me dispense de esclarecer a contradição real entre o postulado sistemático e a realidade com muitas palavras e explicações. Quero apenas esboçar sucintamente a colisão entre as consequências do sistema e os fatos reais. Esse problema é de importância

42   C.G. Jung

secundária, pois não se trata de uma desarmonia entre a exigência da razão e a realidade, mas apenas do choque entre o sistema não totalmente racional e a realidade.

53   Imaginamos a matéria como composta de átomos. O átomo é um corpo conceitualmente indivisível, ou seja, um corpo sem qualquer extensão, portanto, um ponto matemático. A contradição é evidente: a matéria possui extensão, logo, jamais pode ser composta de partes sem extensão.

54   Um problema muito mais importante e de interesse muito mais amplo é o problema cuja solução é o objetivo das ciências biológicas – da zoologia, botânica e fisiologia – e queremos ceder um pequeno espaço também à psicologia. É a pergunta pela vida.

55   Sugiro que, na crítica dessa pergunta, sigamos o mesmo caminho que a pergunta tomou em seu desenvolvimento. 20 ou 30 anos atrás, a disputa sobre a geração espontânea causou um alvoroço em todo o mundo científico. Foi e continua sendo uma luta acirrada. O fogo não foi extinguido quando o Dr. Bastian[24] foi refutado definitivamente. As brasas ainda ardem sob as cinzas e hoje ameaçam eclodir novamente na luta entre o materialismo e o vitalismo. A pergunta não mudou, é a mesma, só que numa forma muito mais generalizada e perigosa. Não se trata de uma contradição insolúvel entre exigências da razão e da realidade, mas do choque mais poderoso entre duas exigências racionais. Trata-se do ser e do não ser da concepção cético-materialista moderna da natureza.

56   Se retraçarmos o desenvolvimento da vida orgânica desde sua origem, chegaremos à primeira célula, que, equipada com a noção de um mundo, é balançada pelas ondas quentes do mar primordial. A célula está aí e, com ela, a vida. Esse é um fato irrefutável e brutal. Mas o que existia antes, quando os quentes vapores de água ainda não tinham se condensado nas margens do planeta ardente e derretido? O que existia *antes*? Seria a vida orgânica algo eterno, como se afirma sobre a matéria? Mas como ela pôde se preservar em meio a vapores de ferro e de platina? Ou será que a

---

24. Henry Charlton Bastian (1837-1914), neurologista britânico e defensor da teoria da geração espontânea. Cf. Bastian, H.C. (1872). *The beginnings of life*. Macmillan and Co.

As palestras da Zofíngia

vida é uma função da matéria? Nesse caso, a geração espontânea estaria garantida. Então a matéria teria a liberdade de formar figuras como bem quisesse. No entanto, cem mil casos provam que seres orgânicos jamais surgem a partir de matéria anorgânica, e, sim, apenas por meio do contato com a vida. Se jamais houve uma lei absoluta, essa é o *omne vivum ex vivo* [todo vivo a partir do vivo]. O empirismo exige que jamais, sob circunstância alguma, ocorra uma intervenção aleatória e não controlada no espetáculo da natureza, que transcorre segundo leis eternas. A lógica, porém, exige que também aqui tenha ocorrido um contato com a vida, se houve o surgimento de um ser orgânico. Qual dessas exigências devemos chamar de justa? De um lado, a ciência jamais observou uma intervenção aleatória nas leis dos fenômenos, de outro, nunca se constatou uma interrupção da continuidade de todos os fenômenos. Vemos que a razão da exigência é, em ambos os casos, a mesma razão racional. A quem devemos conceder o direito? A exigência da lógica exige algo que o empirismo precisa rejeitar sob todas as circunstâncias pela mesma razão.

Critiquemos, então, as exigências. Em que se apoia a exigência do empirismo? No fato de que nunca se observou um caso análogo. Em que se apoia a exigência da lógica? No fato de que já foram observados muitos milhares de casos. A razão "empírica" é negativa, a razão "lógica", positiva. A balança tende em direção da lógica e de sua exigência. O resultado é, portanto: a geração da primeira célula deve ter ocorrido por meio do contato com uma vida preexistente. Pelas circunstâncias já apontadas, é impossível que a vida preexistente estivesse vinculada à matéria, logo, aquela precisa ter existido independentemente desta, ou seja, a vida preexistiu imaterialmente. Isso não é curioso? A crítica a exigências científicas racionais nos conduz para uma área imaterial ou metafísica. 57

Um tratamento crítico do vitalismo se faz desnecessário porque, no excurso anterior, já explicamos o princípio da questão com a ajuda do exemplo da *generatio aequivoca*. Que o leitor tire as consequências disso para o vitalismo. 58

Voltemo-nos novamente para o nosso leigo, ao qual falamos anteriormente sobre os resultados da ciência em tom autoritário. O que ele diz sobre toda essa história? Ele não dirá que é um risco 59 estranho, quando ousamos falar de "resultados"? Parece que não existe resultado nenhum. A ciência não explicou nada. E se ela acredita ter explicado algo, ela o fez com uma hipótese. Sempre que perguntamos pelo porquê, nós nos deparamos com o grande nada, com uma região das hipóteses mais vagas. Onde começa a explicação verdadeira simplesmente termina nossa pouca razão. Podemos constatar a causalidade dos fenômenos sensoriais, mas explicá-los? Jamais. Por isso achamos um tanto tolo quando certas pessoas conseguem se irritar terrivelmente diante da teoria da descendência de Darwin. Na verdade, ela não afirma nada essencial. O porquê por trás dela é e continua sendo inexplicável.

60   Nosso leigo balança a cabeça e se afasta e certamente questionará a famosa "luz do Esclarecimento" propagada pela ciência.

61   E nós, o que nós temos a dizer a respeito disso? Não podemos extrair nada do nada generalizado? Ou seria possível que aquilo que nos parece impossível se torne possível? O fio de Ariadne, que nos conduziu até aqui, realmente termina repentinamente na escuridão ou será que ele tem uma continuação que nos conduz da noite para a luz?

62   Imaginamos que estamos no fim. No entanto, estamos no início. Acreditamos que a porta está trancada, mas nós temos a chave. A ciência nos fornece o material, por que não continuamos construindo? Temos as premissas, por que nos recusamos às consequências?

63   Vimos que o éter, com suas qualidades transcendentes, é um recurso necessário para a explicação de certos fenômenos físicos, como o é também o princípio da vida preexistente para o mundo dos fenômenos orgânicos. Introduzimos ambos no cálculo científico sob o signo X. Conhecemos positivamente um conjunto limitado de qualidades de ambas as existências. Tendemos, então, a ver essas qualidades como as únicas realmente existentes. Esse ponto de vista é correto? Se quisermos aprender com os eventos científicos mais recentes, necessariamente teremos que nos comportar de forma passiva e aguardar o que a natureza estará disposta a nos revelar. A descoberta de Röntgen[25] não nos mostra claramente que o éter possui

---

25. Wilhelm Conrad Röntgen (1845-1923) descobriu em 1895, na Universidade de Würzburg, os raios-X, um ano antes da redação desta palestra na Zofingia.

As palestras da Zofingia   45

qualidades adicionais além das conhecidas? Um exemplo ainda mais impressionante para as mudanças do conhecimento humano é a entrada triunfante do hipnotismo na ciência alemã. Depois de uma luta de 100 anos, finalmente foi possível voltar o interesse geral para um novo lado do princípio vital. Tais fenômenos deveriam nos impedir de um juízo apressado, da alegação de já termos pesquisado todos os lados. O ponto de vista adotado pela concepção cético--materialista dos nossos tempos é simplesmente a morte intelectual. Ela nos proíbe de ultrapassar os limites estabelecidos. Estamos condenados a reunir material para os armazéns que já estão lotados. Aprimoramos nossos microscópios, que nos revelam diariamente complicações ainda maiores. Aprimoramos nossos telescópios, que só nos revelam novos mundos e sistemas. Mas o mistério continua o mesmo e só se torna mais complicado. Poupamos o infinito no pequeno, poupamos o infinito no grande. Onde está o fim?

Para que queremos esgotar o mar do infinito se nem conhecemos as margens do pequeno lago em que nadam e grasnam nossos estudiosos materialistas? 64

Afirmamos acima que acolhemos dois princípios metafísicos na natureza material. Conhecemos os fenômenos materiais em seus mínimos detalhes. Os fenômenos metafísicos são praticamente desconhecidos. Certamente valeria a pena perguntar por outras qualidades senão as qualidades cotidianas e conhecidas. A crítica dos dois problemas nos ensina necessariamente que elas existem. Uma existência imaterial que só pode se expressar materialmente: essa não é uma exigência ilegítima? Não é um até mesmo um absurdo? 65

Conseguimos imaginar um corpo sem qualidades? Dificilmente, ainda não conheci o homem capaz disso. É, portanto, impossível, que algo desse tipo ocorra. Podemos imaginar um corpo material sem qualidades materiais? Impossível, isso seria uma contradição enorme. Mas conseguimos imaginar um corpo imaterial sem qualidades imateriais? É claro que sim, pois hoje em dia praticamente todo o mundo científico faz isso. Mas não queremos imitar os outros, mas, sim, permitir que o imaterial preserve suas qualidades imateriais. 66

II
Algumas reflexões sobre a psicologia
(maio de 1897)

2.1 Sumário[26]

A. *Introdução ao todo*: Sobre a resistência passiva e ativa. Strauss, Kant, Schopenhauer.

B. *Execução*:   I. *Psicologia racional*

a) *Introdução*. Sobre a história natural do filisteu cultural. A morte.

b) *Execução da psicologia racional*. Postulado da alma: o fenômeno orgânico subjugado ao princípio da razão. Definição da alma. Prova racional.

II. *Psicologia empírica*

a) *Introdução*. Sobre o misticismo de Kant. Aspectos históricos do espiritismo e seu significado.

b) *Execução da psicologia empírica*: Evidências para a psicologia racional.

Existência da alma. Prova empírica. Definição.

1. Inteligência: prova a partir da materialização.

2. Autonomia de espaço e tempo. Prova a partir da actio in distans.

     a.   *ação à distância no espaço*

          a' fenômenos telecinéticos

          a'' fenômenos telepáticos

     b.   ação à distância no tempo: *second sight*.

     Premonições

C. *Conclusão*

— — — — —

---

26. Os sumários não apresentam número de parágrafo, pois foram incluídos posteriormente à edição alemã. Entre os dois esboços reproduzidos aqui, Jung inseriu e depois apagou a seguinte anotação: "Introdução. Continuação do trabalho anterior. Recapitulação. Epistemologia. Fé. Execução. O ser humano como fenômeno material, explicado por meio de faculdades ocultas".

As palestras da Zofingia 47

A. *Introdução ao todo*
B. *Execução*
     a. 1. Introdução à psicologia racional
          2. Execução da psicologia racional
     b. 1. Introdução à psicologia empírica
          2. Execução da psicologia empírica
C. *Conclusão*

2.2 Introdução ao todo

Talvez estejam presentes algumas pessoas que se lembram do   67
meu trabalho no último semestre de inverno. Na época, a introdução provocou a maior surpresa, e repetidas vezes foi observado
que uma transição para a execução é uma das coisas mais difíceis
a serem encontradas nesta Terra. Para abrir o caminho para minha
palestra de hoje nesse sentido, quero introduzi-la com as palavras
divinas da Psicologia de Immanuel Kant.

"O principal é sempre a moralidade; esta é o sagrado e o   68
inviolável que precisamos proteger, e esta é também a razão e
o propósito de todas as nossas especulações e investigações. Todas
as especulações metafísicas visam a isso. *Deus* e o *outro mundo*
são a única meta de todas as nossas investigações filosóficas, e, se
os conceitos de Deus e do outro mundo não estivessem vinculados
à moralidade, eles não teriam nenhuma utilidade" (Kant, 1821,
1988, p. 261).

Desde que meu último trabalho escapou por pouco de uma   69
morte súbita na lixeira central, eu sempre tive o desejo, ἄσμενος
ἐκ θανάτοιο[27], de passear com vocês às margens do Rio Estige até
o reino das sombras.

Embora consigamos considerar imagináveis certas coisas com   70
alguma fantasia e postular algumas outras como necessárias, a
maioria de vocês sentirá um espanto científico diante da proposta
de abandonar a estrada ampla e bem-fundamentada da experiência
cotidiana para descer às profundezas escuras da natureza noturna.

---

27. "Feliz de ter escapado da morte", uma expressão que ocorre com frequência
na *Odisseia* de Homero (por exemplo, em 9,63) quando o bando de aventureiros
conseguiu vencer um perigo que custou a vida de um ou vários companheiros.

48 C.G. Jung

71   Alguns considerarão uma aventura louca abandonar o caminho louco que a elogiadíssima ciência universitária e a filosofia dos livres-docentes nos apontam e fazer excursões por conta própria nas terras sem fundo, perseguir a sombra noturna e bater a portas que DuBois-Reymond trancou para sempre com sua chave *ignorabimus*. Chamarão de fantasia e superstição; com um sorriso de superioridade[28] recorrerão às leis naturais escritas em pedra e matarão com elas o líder. Isso será realizado por pessoas que preenchem os domingos em sua vida com palavras, ações e pensamentos edificantes, mas que, nos dias da semana, apresentam truques de equitação no circo *ignorabimus*.

72   Dirão[29] que é um início sem utilidade e esperança, um ponderar torturante sobre o absurdo. – Assim farão as pessoas que, como observa Schwegler[30] em sua *Geschichte der Philosophie* [História da filosofia], são seguidores da "filosofia vulgar" e, como tais, fazem uma "aplicação totalmente equivocada da categoria da causalidade".

73   Sem dúvida alguma, as objeções mais fortes serão levantadas por aqueles que, por indiferença, veneram a temperança dos pensamentos e, em decorrência disso, por meio de sua mera existência, declaram anátema qualquer tentativa, por menor que seja, de levantar certas perguntas. A despeito de tudo isso e correndo o risco de provocar o mais profundo desgosto, escolhi este tema dentre todos os outros. Se eu dependesse exclusivamente de mim mesmo, eu temeria pelo destino de minha causa, mas tenho aliados, não entre as fileiras dos caluniados e hereges, entre os quais se destacam também nomes[31] honráveis como Crookes, Wilhelm

---

28. Apagado no manuscrito: "traduzir o significativo para o insignificante".

29. De acordo com o manuscrito e, diferentemente da edição em inglês de 1983, o § 72 começa aqui.

30. Albert Schwegler, filósofo alemão e teólogo evangélico, autor de Schwegler, A. (1848). *Geschichte der Philosophie im Umriss. Leitfaden zur Übersicht*. Franckh.

31. Sir William Crookes (1832-1919), físico e químico inglês, que se ocupou também com as regiões limiares da ciência, por exemplo, em Aksákow, A. (org.) (1872). *Der Spiritualismus und die Wissenschaft: Experimentelle Untersuchungen über die physische Kraft. Nebst bestätigenden Zeugnissen des Physikers C.F. Varley, des Mathematikers A.D. Morgan, des Naturforschers*

As palestras da Zofingia 49

Weber e, sobretudo, Zöllner; não no bando daqueles cuja autoridade costuma ser citada com pompa. Escolhi três homens cuja crítica e agudez de juízo não podem ser questionadas: menciono primeiramente David Strauss[32], com seu julgamento clássico sobre Justinus Kerner e *A vidente de Prevorst*[33] em sua obra *Charakteristiken und Kritiken* [Características e críticas].

Sobre a vidente, ele diz o seguinte: "O semblante sofrido, mas 74 nobre e delicado, banhado em arrebatamento celestial; a língua, o mais puro alemão; a fala, suave, lenta, festiva, musical, quase uma

---

A.R. Wallace, des Chemikers R. Hare und anderer Gelehrten. Prüfungs-Sitzungen des Mr. D.D. Home und der Gelehrten zu St. Petersburg und London (vol. 3). Mutze (Bibliothek des Spiritualismus). O programa, os resultados e a credibilidade dos pesquisadores e médiuns citados nessa obra sofreram ataques intensos pela crítica científica, que afetou também Wilhelm Weber (1804-1891), um físico alemão que investigava a indução eletromagnética, e Johann Karl Friedrich Zöllner (1834-1882), um astrofísico alemão cuja obra *Wissenschaftliche Abhandlungen* (7 vols. Leipzig, 1878-1881) contém não só trabalhos filosófico-naturais e histórico-científicos, mas também estudos fisiológico-sensoriais, espiritistas e hipnóticos. Por exemplo, duas de suas obras – o volume 3 de Zöllner, J.K.F. (1879). *Die transzendentale Physik und die sogenannte Philosophie. Eine deutsche Antwort auf die "sogenannte wissenschaftliche Frage".* Staackmann.; e Zöllner, J.K.F. (1886). *Naturwissenschaft und Offenbarung. Populäre Beiträge zur Theorie und Geschichte der vierten Dimension, nebst einem Abdruck des offenen Briefes an Herrn Consistorialrath Prof. Luthardt.* Griesbach. – se voltam contra os críticos de suas concepções espiritistas, que incluem cientistas reconhecidos como E.H. DuBois-Reymond, W. Wundt, H. von Helmholtz e, do lado teológico, D.F. Strauss ou C.E. Luthardt. Cf. também os § 108 e 117.

32. David Friedrich Strauss (1808-1874), teólogo evangélico, incluiu resenhas dos livros do médico espiritista Justinus Kerner (1786-1862) em Strauss, D.F. (1839). *Charakteristiken und Kritiken: Eine Sammlung zerstreuter Aufsätze aus den Gebieten Theologie, Anthropologie und Ästhetik.* Wiegand. A parte II contém, como contribuição VI, uma resenha de Kerner, J. (1834). *Beobachtungen aus dem Gebiete kakodämonisch-magnetischer Erscheinungen.* Braun. Ambos os artigos discutem suas observações sobre uma mulher que via espíritos bons e maus, conversava com eles e, na presença de testemunhas, produzia barulhos e outros fenômenos do tipo *Poltergeist*.

33. Cf. a anotação 30. Em escritos posteriores, Jung cita o relato de Kerner sobre *A vidente de Prevorst* (1829), principalmente em sua dissertação *A psicologia e patologia de fenômenos ocultos.* Cf. OC 1, § 49-148.

50 C.G. Jung

recitação; o conteúdo, sentimentos profusos, que, passavam pela alma e esvaneciam como nuvens escuras ou leves [...]. Conversas com e sobre espíritos benditos e amaldiçoados, executadas com tal verdade que não ousávamos duvidar de termos diante de nós uma vidente que partilhava da interação com um mundo mais elevado" (Strauss, 1953, p. 18).

75 "Para nós, inexiste a opinião daqueles que atacam os fatos do escrito de Kerner a ponto de acusarem a mulher doente de enganação e o médico de observações falsas – uma suposição, cuja falta de fundamentação pode ser verificada não só pelas testemunhas oculares e pelo autor, mas também todos os leitores imparciais da obra de Kerner" (Strauss, 1839).

76 Como segundo aliado, cito Arthur Schopenhauer (1851, vol. 4, p. 275), que, em sua obra *Parerga e Paralipomena*, afirma: "[...] não tenho o chamado de combater o ceticismo da ignorância, cujos gestos superespertos perdem diariamente mais respeito [...]. Uma pessoa que, hoje, ainda questiona os fatos do magnetismo animal e de sua vidência, deve ser chamada não de incrédula, mas de ignorante"[34]. E Schopenhauer escreveu isso há quase 50 anos.

77 Em terceiro lugar, quero citar nosso mestre Immanuel Kant, o sábio e profeta de Königsberg, que, com todo direito, foi chamado "o último filósofo".

78 109 anos atrás, Kant (1821, p. 222, grifos de Jung) disse em suas *Vorlesungen über die Metaphysik* [Palestras sobre a metafísica], na segunda seção da "Psychologia rationalis": "*Só podemos pensar espíritos de forma problemática, isto é, não podemos recorrer a nenhuma razão* a priori *para rejeitá-los*. [...] Como problemático pode ser vista alguma coisa quando é evidente que ela *é possível*. Não podemos prová-la de modo apodítico, *mas ninguém pode provar* que tais espíritos não existem".

---

34. Arthur Schopenhauer (1788-1860), filósofo alemão que, com sua dissertação *Über die vierfache Wurzel des Satzes vom zureichenden Grunde* (1813) e sua obra principal *Die Welt als Wille und Vorstellung* (1819-1859), exerceu influência de grande alcance. Aqui, os textos são citados de Ernst-Ausgabe, G.W. (ed.), Griesbach, E., Brahn, M., & Henning, H. (orgs.). *Schopenhauer's Sämmtliche Werke in fünf Bänden*. (1920). Insel. Esta citação em particular é de Schopenhauer, A. (1851). Versuch über das Geistersehen und was damit zusammenhängt. In A. Schopenhauer. *Parerga und Paralipomena*. A.W. Hayn.

As palestras da Zofingia

134 anos atrás, Kant (1766, p. 934) escreveu em *Träume eines* 79
Geistersehers [Sonhos de um visionário] o seguinte, tão típico de
suas confissões: "Confesso que tendo a afirmar a existência de naturezas imateriais e de inserir minha alma na classe desses seres".

Em outro lugar, Kant (1766, p. 941) afirma: "Todas essas 80
naturezas imateriais, exerçam elas suas influências no mundo dos
corpos ou não, todos os seres racionais cujo estado aleatório é animal, seja aqui na Terra ou em outros corpos celestes, animem eles
a matéria crua agora ou futuramente, ou a tenham animado no
passado, segundo estes conceitos, fariam parte de uma comunhão
correspondente à sua natureza, que não se apoia nas condições
que limitam essa relação dos corpos e em que a distância dos lugares ou das eras, que no mundo visível cria o grande abismo que
suspende toda comunhão, desaparece. Portanto, a alma humana
precisaria ser vista já na vida atual como vinculada concomitan-
temente a dois mundos, dos quais ela só percebe claramente o
mundo material, mas, como membro do mundo dos espíritos, recebe e emite as influências puras das naturezas imateriais, de modo
que, assim que tal vínculo deixa de existir, a comunhão em que ela
sempre se encontra com as naturezas espirituais permanece e se
revela à sua consciência para a contemplação clara".

Por fim, numa terceira passagem, Kant (1766, p. 941, grifos de 81
Jung) afirma, olhando para além de sua era com uma visão profética:
"Portanto, está praticamente demonstrado ou facilmente poderia
ser demonstrado, ou melhor ainda, futuramente, não sei onde nem
quando, será demonstrado que, também nesta vida, a alma humana
se encontra em uma comunhão indissolúvel com todas as naturezas
imateriais do mundo dos espíritos, de modo que esta exerce uma influência sobre aquela e recebe impressões dela, mas das quais, como
ser humano, ela não está ciente, *enquanto tudo estiver bem*".

Eu faria bem se colocasse aqui o *punctum finale* [ponto-final] 82
do meu trabalho, pois após a fala de espíritos tão nobres, temo
profaná-los se lhes acrescentar meus pensamentos como apêndice
miserável, pensamentos estes que, para recorrer a uma imagem
nada vistosa, como piolhos das plantas, escalam toscamente e sem
fôlego uma linda árvore doadora de sombra.

2.3 Psicologia racional

2.3.1 Introdução

83   "Bem, tudo isso é belo e bonito", diz o filisteu cultural, "mas só acredito no que vejo. E aquilo que chamam de metafísica é antiquado e um ponto de vista totalmente superado, e se ela ainda ocorre nos dias de hoje, ela só assombra as cabeças daquelas pessoas que ainda não encontraram a paz verdadeira. Na vida de uma pessoa racional, tudo se passa de forma física e natural".

84   Sim, até a DuBois-Reymond, tudo está muito claro e tudo é muito compreensível, e "todos e tudo que Deus criou" deve dar graças a ele por, finalmente, um benfeitor público ter construído uma cerca no local perigoso. O povo vive de forma tão segura e confortável dentro das quatro estacas, portanto, não surpreende que isso perturbe a paz pública.

85   No entanto, na vida do filisteu cultural não existe muita maravilha: ele nasce, cresce e se forma, pois, uma função elevada exige órgãos diferenciados. Então ele se casa, de acordo com caráter e motivo. Gera filhos através da fusão do núcleo do espermatozoide e do núcleo do óvulo. Os filhos são abençoados com os atributos dos pais de acordo com a teoria da hereditariedade, de Hertwig[35]. Aos poucos, então, ele envelhece, embora isso já não se encaixe mais perfeitamente no sistema, e então, o que acontece? Então ocorre aquilo que não se encaixa mais de forma alguma, que é totalmente incompreensível, a revelação da mentira, a correção do equívoco[36]: ele morre...! Por quê? Para quê? O médico registra a sangue frio: morte violenta, doença, *marasmus senilis* [senilidade]. Em suma, o jogo acabou. Aí está o cadáver, frio

---

35. Oskar Hertwig (1849-1922), biólogo do círculo de Ernst Haeckel, autor de Hertwig, O. (1893). *Die Zelle und dass Gewebe: Grundzüge der Allgemeinen Anatomie und Physiologie*. Gustav Fischer. Esse livro (a partir de 1906, intitulado de *Allgemeine Biologie*) era, no século XIX, a síntese mais influente de fenômenos biológicos sob o aspecto da universalidade do protoplasma. Hertwig demonstrou a fertilização como fusão de óvulo e espermatozoide.

36. Originalmente: "o esclarecimento terrível da mentira vergonhosa, a assustadora correção do equívoco".

e rígido, e, após pouco tempo, começa a decomposição das proteínas. Trata-se de um fato incrível, e se ele tivesse ocorrido apenas uma vez no ser humano, ninguém no mundo inteiro o acreditaria. Mas o mesmo evento ocorre em todos nós de forma irrevogável. Em média, a vida mal dura uns 30 anos. Mas para que a morte? Por que o organismo, que foi construído com infinito cuidado e finalidade, cujo propósito mais íntimo é a vida, terminaria, murcharia e apodreceria? Por que a morte põe um fim à vida com tamanho desdém? A morte passa a impressão de uma intervenção brutal em nosso direito mais elevado e sagrado, nosso direito de existir. Todos os planos, todas as esperanças, todo o trabalho alegre é destruído com um só golpe. E como que ardil ocorre essa intervenção! Não se pode encontrar nada que fosse acrescentado ou retirado do organismo. Quando pesamos o cadáver, seu peso é exatamente igual a seu peso na vida. Quando abrimos o cadáver, ele contém o mesmo que na vida. Todo o organismo está presente, pronto para viver, mesmo assim está morto, e nenhuma arte consegue reanimá-lo.

2.3.2 Psicologia racional

Trata-se de um algo estranho que é retirado do corpo, de um algo que continha a vontade para a vida, uma força que, na vida, mantinha o organismo em harmonia com o ambiente. Parece tratar-se de uma força fundamental, um princípio da vida. Os fisiólogos mais antigos a chamavam de força vital, aplicando corretamente a "categoria da causalidade". Kant (1766, p. 935) afirma: "Parece que um ser espiritual inere à matéria, com a qual está conectado e não age sobre aquelas forças dos elementos, por meio das quais estas estão relacionadas entre si, mas sobre o princípio interno de seu estado". 86

A fisiologia moderna não tem um nome para isso, porque, mais uma vez, confunde aqui de forma ingênua o efeito com a causa, o que me permito observar a despeito da bronca que recebi no relatório semestral. 87

O fisiólogo Burdach (1840, vol. 6, p. 526), um dos vitalistas desdenhados, afirma em sua obra *Physiologie als Erfahrungswissenschaft* [Fisiologia como ciência experiencial]: "O materialismo 88

54 C.G. Jung

já pressupõe a vida que pretende explicar; pois a organização e as proporções de mistura, das quais ele deduz as atividades vitais, são geradas pela própria atividade vital"[37]. Os velhos vitalistas cometeram alguns equívocos, mas, em prol do sistema, nunca se esqueceram das primeiras exigências da lógica.

89 O princípio vital, que, durante a vida, concede ao corpo sua *vis resistentiae* [força de resistência], é aquilo que é o verdadeiramente persistente na aparência. Como sabemos, todas as moléculas do corpo se renovam a cada 7 anos. Portanto, a substância do corpo se encontra em mudança constante. Se a força organizadora e formativa estivesse na matéria, nada seria mais natural do que a ocorrência contínua de uma mudança na aparência física. Mas não é o que ocorre, o caráter do ser humano externo permanece o mesmo. Todos os detalhes, até o mínimo detalhe, são preservados. Todas as imagens mnemônicas permanecem constantes, as faculdades mentais permanecem mais ou menos no mesmo nível. Em suma, a despeito da troca da substância, o indivíduo permanece o mesmo. Parece então que o *principium vitae* [o princípio vital] representa, de certa forma, a estrutura dentro da qual a matéria se constrói.

90 Burdach (1826, vol. 1, p. 550) afirma: "A matéria muda ininterruptamente em nosso corpo, enquanto nossa vida permanece como o mesmo e uno; a vida corporal se encontra em destruição e formação constante e concomitante da matéria orgânica [...]. A vida é, portanto, algo mais elevado que governa sobre a matéria".

91 Lançando aqui um breve olhar sobre a fisiologia mais recente, voltamos a assistir a um estranho espetáculo. A fisiologia se esforça para explicar a vida com leis da natureza, embora esta persista às leis, e tenta inserir a vida forçosamente nas leis da natureza, embora esta contradiga a todas as leis da natureza. O movimento espontâneo contradiz a lei da gravitação; a persistência do corpo contradiz as leis da afinidade do oxigênio e as leis biológicas da atividade das bactérias. De modo certeiro, Schopenhauer observa no primeiro volume de *Die Welt als Wille und Vorstellung* [O mundo como vontade e representação]:

---

37. Karl Friedrich Burdach (1776-1847), anatomista comparativo e fisiólogo: Burdach, K.F. (1826-1840). *Die Physiologie als Erfahrungswissenschaft* (6 vols.). Voss.

As palestras da Zofingia 55

"Reconhecemos cada vez mais que jamais algo químico pode   92
ser remetido a algo mecânico; nem algo *orgânico*, a algo químico
ou elétrico. Aqueles, porém, que hoje em dia, voltam a seguir esse
velho equívoco em breve voltarão rastejando como todos os seus
precursores" (Schopenhauer, 1819, vol. 1, p. 66, grifo de Jung).

Se submetermos o fenômeno orgânico ao princípio da razão su-   93
ficiente, ou seja, se aplicarmos corretamente nossa "categoria da causalidade", teremos que postular um princípio vital, a partir da mesma
necessidade com que a óptica postula o éter. Não cometemos, disso,
nenhum crime contra o primeiro princípio do método científico: da
limitação dos princípios explicativos. Aqui, somos obrigados a supor um novo princípio, visto que nenhum dos princípios existentes
fornece uma explicação suficiente.

O que vale para o indivíduo vale também para a totalidade.   94
Se quisermos explicar o desenvolvimento, a teoria da seleção natural de Darwin não basta; ao contrário, no desenvolvimento de
novas espécies, ela não passa de um fator altamente secundário.
Sobretudo a filogenia precisa do postulado de um princípio vital.

O princípio vital é idêntico *cum grano salis* [com um grão de   95
verdade] à "força vital" dos velhos fisiólogos. Esse princípio domina
todas as funções do corpo, portanto, também as do cérebro e admi-
nistra, ainda, a consciência, contanto que este seja determinado pelas
funções do córtex cerebral. Assim, devemos buscar o princípio não
na consciência, em particular na consciência do eu, como Kant o fez.

O princípio vital se estende para muito além de nossa cons-   96
ciência, pois alimenta também as funções vegetativas de nosso
corpo, que, como sabemos, não são abarcadas pela consciência.
Nossa consciência depende das funções cerebrais, enquanto estas, porém, dependem do princípio vital, portanto, a consciência é independente dele. O princípio vital é uma substância, a
consciência, porém, é um acidente. Ou, segundo Schopenhauer:
a consciência é objeto de uma representação transcendental. Vemos, portanto, que as funções animais e vegetativas se resumem
numa raiz comum, o sujeito em si. Com alguma ousadia, podemos dar a esse sujeito transcendental o nome *alma*. O que entendemos por "alma"? *A alma é uma inteligência que independe
de espaço e tempo.*

56 C.G. Jung

97   1. *A alma precisa ser inteligente.* O critério da inteligência é a adequação de suas ações. Sem dúvida alguma, nosso corpo suscita a impressão da mais alta adequação, por isso postulamos inteligência para a alma. Se não existisse uma aprioridade da lei da causalidade, sua inteligência estaria provada.

98   2. *A alma independe necessariamente de espaço e tempo.* Os conceitos de espaço e tempo são categorias da razão, por isso não têm validade para a coisa em si[38]. Visto que a alma se recusa a qualquer percepção sensorial, não pode ser uma forma de energia material. Somente as formas de energia materiais são objeto da percepção. Mas é a partir de percepções sensoriais que se forma o juízo dentro das categorias de espaço e tempo. Portanto, somente formas de energia materiais podem ser objeto do juízo[39], ou seja, somente as formas de energia materiais agem dentro dos limites de espaço e tempo. Lembro, por exemplo, o conceito da velocidade, que é igual ao quociente de espaço e tempo. Basta lembrar, também, todos os conceitos mecânicos fundamentais da física.

99   Visto que a alma não é uma forma de energia material, não existe juízo sobre ela. Tudo, porém, que não pode ser julgado se encontra fora dos conceitos de espaço e tempo. Portanto, a alma independe de espaço e tempo. Logo, postulamos por razão suficiente a imortalidade da alma.

2.4 Psicologia empírica

2.4.1 Introdução

100   Até agora temos caminhado exclusivamente no solo sagrado da filosofia kantiana. Mas quem nos conduzirá a partir de agora, quando queremos romper os portões que barram o acesso ao "reino sombrio"?

---

38. Apagado: "O amor, como coisa em si, não é uma forma de energia material, pois ela se esquiva completamente da percepção sensorial. As percepções sensoriais são organizadas como juízos dentro das categorias de espaço e tempo. Visto, porém, que não existe juízo sobre o amor, ele se encontra fora dos conceitos de tempo e espaço que determinam o juízo".

39. Apagado: "Visto que a alma não é uma força de energia material, ela não pode ser objeto do juízo".

As palestras da Zofingia

Não precisamos nos desesperar quando o próprio Kant (*Psi-* **101** *cologia*)[40] afirma "que [...] existem seres que só possuem um sentido interior, *e é impossível que a experiência nos instrua disso"*, ou em outro lugar:

"Agora nada mais podemos dizer sobre esses espíritos sobre **102** o que um espírito separado do corpo pode fazer. Eles não são objetos do sentido externo; portanto, não estão no espaço. *Além disso, nada podemos dizer; caso contrário, nós nos rendemos a devaneios"* (*Psicologia*)[41].

Ou em outro lugar: "[...] assim permito-me [...] dizer: que esta **103** [minha] observação [...] completa todo conhecimento filosófico de tais seres e que, no futuro, talvez ainda possa se *supor* outras coisas mais, mas jamais será possível *saber* mais" (*Visionário*)[42].

Kant precisou falar dessa forma e estava totalmente certo do **104** seu ponto de vista. Desde que falou assim, passaram-se mais de 100 anos. Esse longo período nos trouxe muitas coisas que confirmaram suas palavras e as ampliaram de modo imprevisível. A epistemologia de Kant permanece inalterada, somente a sua teologia dogmática sofreu algumas mudanças, como, eventualmente, toda teologia dogmática é fadada a sofrer. Não apareceu nenhum gênio novo que tivesse derrubado as ideias de Kant, são fatos[43] acima de qualquer dúvida. Como Wallace[44] observa corretamente, podemos ignorar com um sorriso as pessoas que, por preguiça ou vontade de duvidar, negam certos fatos sobrenaturais.

---

40. Anotação na margem de Jung. Ele se refere ao capítulo "Psicologia" nas *Palestras* de Kant [Kant, I. (1821). *Vorlesungen über die Metaphysik* (p. 223). Keysersche.].

41. Capítulo "Psicologia", nas *Palestras* de Kant [Kant, I. (1821). *Vorlesungen über die Metaphysik* (p. 222). Keysersche.].

42. Anotação na margem de Jung. Ele se refere aqui a *Sonhos de um visionário* [Kant, I. (1960). *Träume eines Geistersehers, erläutert durch Träume der Metaphysik* (p. 963). Insel.].

43. Apagado: "contra os quais hoje só tolos podem se defender".

44. Alfred Russel Wallace (1823-1913), cientista natural inglês e fundador da teoria da seleção natural; possível referência a Wallace, A.R. (1874). *Die wissenschaftliche Ansicht des Übernatürlichen, welche eine experimentelle Untersuchung über die vorgeblichen Kräfte von Hellsehern und Medien durch Männer der Wissenschaft wünschenswert erscheinen lassen* (vol. 6). Mutze (Bibliothek des Spiritualismus).

58   C.G. Jung

105   Kant não tinha como conhecer esses fatos e, por isso, também não pôde falar de outra forma. Se estivesse vivo hoje, certamente seria espiritista, como afirma corretamente Freiherr du Prel[45]. Kant não poupou tempo nem esforços para entrar em contato com Swedenborg[46]. Dentro de suas possibilidades, analisou e examinou as afirmações deste e lhes fez jus *sine ira et studio* [sem ira e zelo]. Que contraste existe entre o maior de todos os sábios que a Alemanha produziu e seus epígonos pueris, que fazem questão de citar Kant como se isso fosse uma honra exclusiva deles e, ao mesmo tempo, fazem de tudo para reprimir e ridicularizar o que confirma as ideias profundas de Kant!

106   Quão vergonhosamente estúpido é atacar os espiritistas com Kant, que disse:

107   "Futuramente, não sei onde nem quando, ainda será provado: que a alma humana se encontra também nesta vida numa comunhão indissolúvel com todas as naturezas imateriais do mundo espiritual, que ela age sobre ele e dele recebe impressões" (*Sonhos de um visionário*, p. 941).

108   Assim falou Kant há mais de 100 anos, quando ainda não tinha como conhecer os fatos do espiritismo moderno[47]. Há quase 60 anos, Schopenhauer levantou a voz contra o "ceticismo da ignorância". Até ele, o pessimista κατ᾽ ἐξοχήν [por excelência], era

---

45. Baron Karl Ludwig August Friedrich Maximilian Alfred Du Prel (1839-1899), ou simplesmente Carl du Prel, escreveu, entre outros livros, *Der Spiritismus* [Du Prel, C. (1893). *Der Spiritismus*. Reclam.] e *Die Entdeckung der Seele durch die Geheimwissenschaften* [Du Prel, C. (1894). *Die Entdeckung der Seele durch die Geheimwissenschaften* (2 vols.). Günther.].

46. Emanuel Swedenborg (1688-1772), cientista sueco, voltado para a teosofia a partir de mais ou menos 1740, escreveu o livro *Geisterseher* (1772). Cf. o relato de Kant em *Sonhos de um visionário* [Kant, I. (1960). *Träume eines Geistersehers, erläutert durch Träume der Metaphysik* (vol. 1, p. 966ss.). Insel.]; e sua carta a Charlotte von Knobloch, que Jung cita em seu tratado sobre fenômenos espiritistas, OC 18, § 707-709. Cf. também § 129.

47. Muito daquilo que Jung fala aqui sobre o espiritismo, ele retoma em artigos posteriores: cf. *Sobre fenômenos espíritas* (originalmente em *Basler Nachrichten*, 12 a 17 de novembro de 1904; cf. OC 18/2, § 697ss.) e *Os fundamentos psicológicos da crença em espíritos* (palestra na British Society for Psychical Research, 4 de julho de 1919, publicado em alemão primeiramente em *Energia psíquica*, em 1928; cf. OC 8/2, § 570ss.).

As palestras da Zofingia

um otimista tão grande que pôde falar do ceticismo que "perdia crédito" a cada dia. Nos meados da década de 1870, William Crookes, o químico e físico inglês, que havia sido encorajado por toda a imprensa inglesa a analisar o espiritismo, apresentou seu relato clássico à Royal Society, confirmando todos os fenômenos. No mesmo período, Russel Wallace, famoso na história do darwinismo, travou a luta pela verdade e pelo direito em vários escritos. Em 1877, o nobre Zöllner[48] se destacou com seus *Wissenschaftliche Abhandlungen* [Tratados científicos] e defendeu sua boa causa em 7 volumes. No entanto, era "a voz de um pregador no deserto" [Is 40,3]. Mortalmente ferido na luta contra a judaização da ciência e sociedade, ele morreu em 1882, de corpo e alma feridos. Seus amigos, o famoso físico Wilhelm Weber, o filósofo Fechner, o matemático Scheibner e Ulrici, ainda defenderam a causa de Zöllner[49], difamada pelo teimoso Wundt[50], pelo escorregadio Carl Ludwig e pelo malicioso DuBois-Reymond[51] diante de uma Alemanha moralmente depravada. Tudo em vão, o judeu berlinense

---

48. Zöllner se defendeu veementemente contra colegas, cuja crítica a seus experimentos espiritistas o afetaram duramente. Pois, em sua defesa, que ele considera científica, clara e objetiva e à qual dedica o volumoso terceiro volume (1879) de seus *Tratados científicos,* ele recorre à difamação e polêmica contra seus adversários, incluindo os judeus e protestantes liberais. O aluno de medicina Jung de 22 anos de idade cita Zöllner (sem referência no manuscrito para sua apresentação oral) e também alude a seu modo de expressão. Em prol da integridade científica, o texto de Jung é reproduzido fielmente. Cf. também o § 117.

49. Para Weber, cf. a anotação ao § 73. Gustav Theodor Fechner (1801-1887), filósofo alemão e cofundador da psicofísica, investigava as relações entre processos mentais e físicos. A princípio, Weber e Fechner, juntamente com Scheibner e Ulrici, eram favoráveis aos experimentos e resultados de Zöllner.

50. Wilhelm Wundt (1832-1920), filósofo e psicólogo alemão, que contemplava a metafísica, a ética e assuntos espirituais sob o ponto de vista psicológico. Em 1879, fundou o primeiro instituto para psicologia experimental e escreveu, entre outros, *Grundzüge der physiologischen Psychologie* [Wundt, W. (1874). *Grundzüge der physiologischen Psychologie* (3 vols.). Wilhelm Engelmann.] e *Der Spiritismus. Eine sogenannte wissenschaftliche Frage. Offener Brief an Dr. Hermann Ulrici* [Wundt, W. (1879). *Der Spiritismus. Eine sogenannte wissenschaftliche Frage. Offener Brief an Dr. Hermann Ulrici.* Wilhelm Engelmann.].

51. Sobre Ludwig e DuBois, veja o § 17 com anotação. A obra do fisiólogo Ludwig contribuiu muito para o fim da escola vitalista.

estava acabado. O pequeno bando de fiéis ficou ainda menor. O único representante culto da Alemanha é o Freiherr Carl Du Prel, mas este é ignorado persistentemente. Na Rússia, são dois os homens que defendem o espiritismo cientificamente: o velho conselheiro do Estado Alexander Aksákow[52], em São Petersburgo, e Wagner[53], professor de Zoologia na Universidade de São Petersburgo. Em 1892, na Itália, declararam-se a favor do espiritismo o astrônomo Schiaparelli[54], famoso por suas descobertas relacionadas a Marte e diretor no Osservatorio di Brera, e Lombroso[55], o famoso antropólogo e psiquiatra que fez a famosa confissão: "Eu me prezo por ser escravo dos fatos". Típica do pensamento mais livre dos ingleses é a fundação da *Sociedade dialética*, composta de estudiosos talentosos, que, acredito, partiu da British Association.

109 Na Alemanha e na Suíça, nada indica que Kant, Schopenhauer ou Zöllner tenham vivido. Desapareceram e foram esquecidos! Não se ouve nem mesmo Hartmann, o inconsciente, o filósofo em voga, muito menos Du Prel, que mereceria um estudo mais minucioso. Em mil vozes ressoa o materialismo das cátedras da ciência. Essa planta repugnante e fedorenta é criada em todos os institutos científicos e cultivada com o esterco da ambição. O professor afogado na física dos músculos e dos nervos e na psicologia mecanicista semeia a semente venenosa para fertilizar cabeças confusas, que então produzem o maravilhoso fruto, o bom repolho, multiplicando-o trinta, sessenta e centenas de vezes. Aos poucos,

---

52. Alexander Aksákow (1833-1903) investigou fenômenos medicinais e psíquicos. Foi organizador e autor, respectivamente, em Aksákow, A. (org.) (1867-1874). *Bibliothek des Spiritualismus* (8 vols.). Mutze.; e Aksákow, A. (1890). *Animismus und Spiritismus: Versuch einer kritischen Prüfung der mediumistischen Phänomene mit besonderer Berücksichtigung der Hypothesen der Hallucinationen und des Unbewussten – Als Entgegnung auf Eduard Hartmanns Werk "Der Spiritismus..."* (2 vols.). Mutze.; cf. também o § 117. Para Hartmann, cf. § 167, com anotação e seu tratado Von Hartmann, E. (1885). *Der Spiritismus*. Haacke.

53. Possivelmente Moritz Wagner (1813-1887), zoólogo e pesquisador.

54. Giovanni Virginio Schiaparelli (1835-1900), astrônomo italiano, que descobriu os Canais de Marte.

55. Cesare Lombroso (1836-1907), médico italiano, acreditava que os criminosos eram doentes, e não maus.

As palestras da Zofingia

infiltra-se a lama das alturas da universidade, a consequência natural disso são a confusão moral da alta sociedade e o embrutecimento do trabalhador. A consequência disso: anarquistas, leis socialistas etc. etc. Evidentemente, o clero se escandaliza diante do avanço constante do diabo da descrença no coração das pessoas, mas o que não o impede de, do púlpito elevado, bradar contra o pecado do espiritismo e contar todos os tipos de mentiras sobre os espiritistas. Assim, inconscientemente, o clero contribui para a derrocada moral geral, e a polícia, guardiã do direito, contribui com sua parte ao proibir o logro espiritista. Cada pessoa sensata, cuja vida segue a ordem natural, por exemplo, o professor, brada e se empenha contra o absurdo medieval que ameaça apagar a luz de seu esclarecimento. O honrado filisteu cultural, que não acredita em nada que não vê, acredita cegamente em cada notícia falsa antiespiritista, em cada mentira jornalística miserável e se revira com deleite no lamaçal dos jornais esclarecidos. Com suspiros de prazer, lê *Kraft e Stoff* [Força e matéria], de Ludwig Büchner[56], a quem se aplica a palavra do filósofo Lichtenberg[57], de Göttingen: "Quando uma cabeça e um livro se chocam e o som produzido é oco: a culpa é sempre da cabeça?".

Quando for escrita a história natural do filisteu cultural, o capítulo *Preguiça* ocupará necessariamente a metade do livro. Kant diz em algum lugar: "Preguiça e covardia são as razões pelas quais uma parte tão grande da humanidade, após ter absolvido a natureza de qualquer conquista alheia [...] se recusa a se emancipar por toda a vida"[58].

Dispenso um comentário a essa citação, pois ela já expressa totalmente minha opinião. Não me resta fazer nada além de assiná-la.

110

111

---

56. Ludwig Büchner (1855-1899), filósofo natural materialista: Büchner, L. (1868). *Kraft und Stoff. Empirisch-naturphilosophische Studien.* Theodor Thomas.

57. Georg Christoph Lichtenberg (1742-1799), físico, professor na Universidade de Göttingen. No original, a citação termina com "livro", não com "cabeça".

58. É dito por Kant, I. (1784). Beantwortung der Frage: Was ist Aufklärung? *Berlinische Monatsschrift, 4*(12), 481-494 e foi citado segundo Hinske, N., & Albrecht, M. (1973). *Was ist Aufklärung: Beiträge aus der Berlinischen Monatsschrift* (p. 452s.). Wissenschaftliche Buchgesellschaft.

2.4.2 Psicologia empírica

112   Aos muitos que não quiseram se contentar com a primeira parte de meu trabalho, com as reflexões teóricas sobre a psicologia racional, fornecerei agora, na segunda parte sobre a psicologia empírica, material factual, o que, por sua vez, escandalizará os muitos outros que, a princípio, se contentam com a explicação teórica.

113   Na pesquisa, dependemos totalmente dos fatos empíricos, assim como na vida prática. Para a razão crítica, a intuição não possui força de prova, tampouco como considerações teóricas para a vida prática. Ainda assim, curiosamente existem inúmeras pessoas que concordam plenamente com a psicologia racional, mas, por diferentes razões, lhe negam qualquer lado empírico. Para ser claro: existem em Basileia muitas centenas, ou até milhares de pessoas que acreditam inabalavelmente nos milagres do Novo e do Antigo Testamento, mas jamais admitiriam que histórias iguais ou semelhantes acontecem ainda hoje. Ou existem pessoas que, teoricamente, admitem a existência da alma com todos os possíveis atributos, mas jamais admitiriam a experiência prática dessas coisas. Sem mencionar as pessoas que não se importam com nada e que só existem para adicionar as sombras corretas à pintura da vida.

114   A psicologia empírica trata, portanto, em primeira linha de comprovar com fatos as teorias da psicologia racional. O primeiro princípio da psicologia racional referente à existência da alma não precisa ser comprovado com fatos. Ele simplesmente precisa ser acreditado. Se aplicarmos corretamente nossa "categoria da causalidade", teremos que deduzir necessariamente a existência da alma. Naturalmente, nessa questão, a voz das pessoas que não possuem uma categoria nem a necessidade da causalidade não é decisiva. O número de fatos que apontam para a existência da alma é legião. Sem uma alma, esses fatos são simplesmente impossíveis. Visto, porém, que não existem fatos impossíveis, a alma existe necessariamente.

115   Uma das tarefas principais da psicologia empírica é fundamentar *in extenso* [minuciosamente] a definição da alma apresentada pela psicologia racional. Já afirmamos acima que a alma é uma inteligência que independe de espaço e tempo.

As palestras da Zofingia   63

1. *A alma é inteligente*. A prova principal para esse teorema é   116
a atividade funcional e organizadora da alma. A atividade organizadora se expressa no fenômeno da *materialização*. Já que não posso
pressupor que todos os ouvintes sabem o que é uma materialização,
peço perdão aos ouvintes que já sabem o que é por interromper por
alguns instantes a continuação de minhas elaborações.

Visto que a alma existe fora do espaço, ela não é perceptível.   117
Para que chegue a ser um fenômeno sensorialmente perceptível, é
necessário que ela adote uma forma espacial, *id est* material. Cada
representação sensorial da alma é, portanto, uma materialização.
A materialização mais maravilhosa e mais inexplicável que já
ocorreu é o próprio ser humano. Visto, porém, que a maioria das
pessoas não consegue se maravilhar diante de sua existência e, por
isso, não consegue prezar adequadamente a ideia do ser humano
como materialização, precisamos procurar outros fenômenos cuja
espontaneidade e aparição momentânea permite deduzir uma inteligência como *spiritus rector* [força orientadora]. Os fenômenos
procurados são as materializações maravilhosas observadas por
Crookes, Zöllner, Wilhelm Weber, Fechner, Wagner, Wallace e
muitos outros. Em 1873, Crookes e Varley, membros da Royal Society, conseguiram, com a ajuda da médium Florence Cook, provocar uma aparição e, repetidas vezes, fotografá-la à luz elétrica
juntamente com a médium. Após inúmeras tentativas fracassadas
e com a ajuda da Senhora Von Pribitkow, o Professor Wagner conseguiu fotografar uma mão sobre a cabeça da médium numa sala
da universidade de São Petersburgo. Zöllner, Wilhelm Weber e
Fechner, que, em 1877-1879, juntos fizeram experimentos com
o médio Dr. Stack, não obtiveram nenhuma fotografia da qual eu
tivesse conhecimento, mas uma série de impressões de mãos e pés
em papel com uma camada de fuligem e preso entre duas tábuas.

Em 1875, obtiveram-se pela primeira vez moldes de parafina,   118
produzidos por William Denton[59] a partir de mãos que aparece-
ram espontaneamente no espaço. Desde então, esses experimentos
têm sido repetidos com sucesso tanto na Inglaterra como no con-
tinente. Tenho em minha posse fotografias de coisas desse tipo e

---

59. Professor de Geologia em Wellesley, Massachussetts, e falecido em 1883
durante uma expedição geológica em Nova Guiné.

estão à disposição de quem desejar vê-las. A série de provas para a atividade inteligente e organizadora da alma facilmente poderia ser continuada infinitamente, mas os exemplos citados bastam para este trabalho. A quem deseja aprofundar-se nesta matéria, sugiro a leitura dos *Wissenschaftliche Abhandlungen*, de Zöllner, e *Animismus und Spiritismus*, de Alexander Aksákow. Também os tratados de Crookes e Wallace na *Bibliothek für Spiritualismus*, da editora Mutze, em Leipzig.

119   Falta agora apresentar provas para a segunda parte de nossa definição da alma: *A alma independe de espaço e tempo*.

120   Tudo que se encontra fora do alcance das categorias de nossa razão, fora de espaço e tempo, é transcendental. Todo transcendental, ou seja, todo não espacial e atemporal, será eternamente incompreensível para nós, e aqui o *"ignorabimus"* [nunca saberemos] é totalmente apropriado. Deparamo-nos com o transcendental não apenas no campo psíquico da experiência sensorial, a humanidade pode experimentá-lo diariamente desde o ano de 1687, quando foram publicados os *Princípios matemáticos da filosofia natural*, de Isaac Newton[60]. Como *actio in distans* [ação à distância], a gravitação universal é a manifestação imediata de um princípio transcendental, como já expliquei no último semestre na crítica à lei da gravitação.

121   A gravitação é algo puramente transcendental. Sua emancipação de espaço e tempo se faz valer em primeiro lugar pelo fato de ela não corresponder à lei da conservação da energia como força fundamental; em segundo lugar, pelo fato de o corpo, por meio dela, alcançar um feito num lugar em que não está (*corpus ibi agere non potest, ubi non est*) [o corpo não pode agir onde não está]; e, em terceiro lugar, pelo fato de, a fim de desdobrar seu efeito, ela não depender do tempo, já que é absolutamente constante. Essa é a característica da *actio in distans*.

122   Visto que a alma, como precondição metafísica do fenômeno orgânico, também se encontra fora de tempo e espaço, essa emancipação da manifestação sensorial se expressa necessariamente na

---

60. Isaac Newton (1643-1727), matemático, físico e astrônomo inglês, desenvolveu trabalhos revolucionários sobre a gravitação, entre outros, e fundou a física teórica clássica e, juntamente com Galilei, as ciências exatas. Cf. também o § 176.

As palestras da Zofingia 65

manifestação da alma como força fundamental com *actiones in distans*. Portanto, precisamos, para demonstrar a segunda parte de nossa definição, citar evidências da *actio in distans*.

Para apresentar as evidências da forma mais organizada possí- 123 vel, sugiro que as dividamos: 1) em ações à distância no *espaço*; e 2) no *tempo*.

Dividimos os efeitos de longa distância no espaço em tele- 124 cinéticos e telepáticos.

Pertence aos *fenômenos telecinéticos* o *hipnotismo*. Não pre- 125 ciso entrar em mais detalhes no que diz respeito aos fenômenos do hipnotismo, pois este já foi objeto de um excelente estudo especial. Quero recapitular apenas os aspectos principais do que já foi dito. O hipnotismo trata da produção de *rapport*, do vínculo íntimo entre agente e percipiente. Os meios para a produção de *rapport* são conhecidos: fixar as pupilas, estímulos sensoriais monótonos etc. Quando o agente ou o percipiente são muito qualificados, os fenômenos podem ser intensificados. O agente pode se afastar três, quatro, cinco ou mais passos do percipiente. O famoso magnetizador Hansen conseguiu se afastar 80 passos num caso especial. Um nível ainda mais elevado é alcançado quando o agente se encontra em outro aposento. Em casos em que o percipiente é especialmente sensitivo, o agente pode estar a uma distância de 20 ou 30Km e, ainda assim, produzir um *rapport*. Em casos de alta excitação psíquica, por exemplo, em moribundos, a distância nem chega a importar. Acredito que não preciso citar evidências disso, pois cada um deve ter ouvido ou experimentado casos desse tipo em sua família.

Intimamente vinculado a essas manifestações está o fenô- 126 meno do *Doppelgänger*. O moribundo que comunica sua morte recente a um conhecido que se encontra distante dele pode, em circunstâncias especiais, intensificar a percepção hipnótica até a alucinação, até à aparição objetivamente real, que é capaz de produzir efeitos materiais.

Neste caso do Doppelgänger real, o Eidolon, o agente geral- 127 mente está em um sono auto sonambúlico profundo. Mas nem sempre é esse o caso. Existem sérias razões para supor que a consciência do Doppelgänger é inversamente proporcional à do agente vivo.

128   Fazem parte dos fenômenos telecinéticos também todas as ações materiais produzidas, por exemplo, por moribundos, para comunicar sua morte a parentes ou conhecidos distantes.

129   Os *fenômenos telepáticos* incluem a clarividência no espaço. Como telepatia poderíamos designar também a sensitividade do percipiente em ações telecinéticas. No entanto, somente na medida em que, em situações específicas, a sensitividade ultrapasse a força ativa do agente. Nesse caso, realmente ocorre a clarividência do percipiente. Todos os obstáculos apresentados pelo espaço desaparecem. É como se a alma se locomovesse liberta de todas as amarras, liberta do corpo importuno. Kant cita um exemplo clássico de clarividência, atestado historicamente, em sua carta sobre Swedenborg à Fräulein Charlotte von Knobloch[61] (*O visionário*). Nessa carta, ele relata como Swedenborg avistou, a partir de Gothenburg, de modo clarividente o enorme incêndio de Estocolmo em 1756 e como, de hora em hora, anunciou ao público assustado o avanço das chamas. Isso ocorreu numa noite de sábado, e só na noite da segunda-feira seguinte um mensageiro alcançou Gothenburg com a notícia dos eventos em Estocolmo. Para explicar esse fato extraordinário de forma natural, muitos céticos chegaram até a acusar Swedenborg de ter incendiado a cidade!

130   Nós nos contentaremos com esse exemplo, pois seria uma perda de tempo citar outros mais. Quem já deu uma olhada na literatura especializada pode citar aqui todas as demais evidências. A quem se interesse por esse tema, recomendo o livro de Du Prel: *Fernsehen und Fernwirken* (o segundo volume de sua obra *Entdeckung der Seele*[62] [A descoberta da alma]).

131   *Passio in distans no tempo*[63]. A teoria das ações à distância no tempo certamente faz parte dos capítulos mais sombrios e mais difíceis do ocultismo. A essa categoria pertencem as premonições, profecias, a percepção extrassensorial e a clarividência no sentido mais restrito. Não tratei de nenhuma explicação nos fenômenos acima citados, pois isso ultrapassaria os limites deste trabalho; por

---

61. Cf. o § 105 com anotação.

62. Sobre Du Prel, cf. a anotação no § 105.

63. Como revela o manuscrito, originalmente, Jung tinha dado a este parágrafo o título *Actio in distans no tempo*, mas então substituiu a palavra "actio" por "passio", embora tenha mantido "actio" no texto inteiro.

As palestras da Zofingia 67

essa razão, desisto também aqui de uma tentativa de explicação, embora o problema atraia muito interesse e praticamente provoque uma explicação. No entanto, quero pelo menos indicar a direção em que poderíamos buscar uma explicação. Para tanto, cito o que Schopenhauer diz em *Parerga e Paralipomena*:

"Em decorrência da teoria kantiana da idealidade do espaço e do tempo, compreendemos que a coisa em si, ou seja, a única e verdadeiramente real em todos os fenômenos, livre de ambas as formas do intelecto, não conhece a diferença entre proximidade e distância, entre presente, passado e futuro; portanto, as divisões baseadas em tais formas de contemplação não são absolutas, mas não oferecem mais, para o modo epistemológico em questão, por meio da reorganização de seu órgão, obstáculos intransponíveis"[64]. 132

Acredito não precisar tratar em detalhe os respectivos exemplos. Basta lembrar a história famosa do cossaco, que, muitos anos antes, previu a ruína da Polônia, também de Cazotte, que, em 1788, segundo o relato da testemunha ocular do acadêmico François de la Harpes, profetizou os terrores da Revolução Francesa, informando a cada um dos presentes os detalhes de sua morte[65]. Quero lembrar também um exemplo mais próximo de nós: eu soube de uma fonte confiável, mais especificamente do médico que a tratava, que uma paciente histérica profetizou com palavras sombrias o desastre de Münchenstein com vários meses de antecedência. Quando o desastre ocorreu, ela se encontrava na Suíça superior, onde, em estado de clarividência, observou a catástrofe no mesmo instante. Uma averiguação telegráfica imediata confirmou a clarividência. 133

Inserem-se nesta categoria também os sonhos proféticos, num nível inferior à clarividência consciente. Uma forma especial é o "second sight" [segunda vista] dos escoceses, que acomete inúmeras pessoas nas ilhas solitárias do norte da Escócia. Podemos designar como videntes também os profetas do Antigo Testamento, 134

---

64. Schopenhauer, A. (1851). Versuch über das Geistersehen und was damit zusammenhängt. In A. Schopenhauer. *Parerga und Paralipomena* (vol. 4, p. 316). A. W. Hayn.

65. Anotação na margem do manuscrito: "J. Scherr, *Blücher I*, p. 259", uma referência a Scherr, J. (1862-1863). *Blücher, seine Zeit und sein Leben* (3 vols.). Otto Wigand., do historiador de cultura e literatura Johannes Scherr (1817-1886). A obra faz parte da biblioteca de Jung. Sobre Gerhard Leberecht von Blücher, cf. o § 151 com anotação.

embora, recentemente, tenha sido feito um esforço enorme para reduzir a um mínimo o milagroso na Bíblia e despir as figuras míticas de seu nimbo característico, sem qualquer preocupação com o fato de que o resultado disso é uma figura impossível, um jornalista comum, que mistifica o público *após* o ocorrido com suas profecias. Sem falar da total falta de força e vitalidade desse tipo de explicação, nenhum judeu jamais teria tido a ideia de seguir um homem com cérebro de palha desse tipo.

2.5 Conclusão

135   Alcançamos agora algum resultado: conseguimos fundamentar nossa definição da alma com provas empíricas. No entanto, a novidade e peculiaridade desse procedimento deve ter surpreendido a muitos, e muitos devem estar coçando o nariz por causa da poeira conservadora que isso levantou[66]. O tosco balançar das cabeças e o crítico encolher dos ombros, o adiamento de decisões, os problemas que são ignorados com afirmações aprioristicas, toda a pompa filisteia com seu ceticismo mesquinho, tudo isso já está ficando ridículo. Posso dizer com Schopenhauer: "[...] não tenho a vocação de combater a ignorância do ceticismo". Só posso rir dos que duvidam de acordo com as tendências mais atuais e dos pavões que se adornam com seu ceticismo. Ao badalar dos sinos da vergonha sobre a Alemanha materialista logo se misturará a zombaria homérica inoficial do mundo posterior. A despeito do relatório semestral e da comissão central, digo agora o que, para mim, é a verdade.

136   Haverá riso e choro ao mesmo tempo sobre o equívoco mais vergonhoso dos tão louvados estudiosos alemães, construirão monumentos para Schopenhauer, que uniu o materialismo com "bestialismo" através de um "e" conjuntivo, mas também amaldiçoarão as pessoas Carl Vogt[67], Ludwig Büchner, Moleschott[68], DuBois-

---

66. Apagado: "Já chegou a hora de alguém investigar o que se esconde debaixo da poeira: 'ouro ou esterco'".

67. Carl Vogt (1817-1895), pesquisador alemão e defensor da teoria da evolução. Ele defendia a teoria de que os organismos vivos passam por uma mudança ao longo das diferentes eras geológicas.

68. Jacob Moleschott (1822-1893), fisiólogo e filósofo holandês, representante do materialismo.

As palestras da Zofingia   69

-Reymond e muitos outros por terem enfiado sua palha materialista nas bocas arreganhadas dos moleques de rua do proletariado culto.

Abrirão o livro *Parerga* de Schopenhauer e usarão as mesmas palavras que Schopenhauer lançou contra Hegel[69] para atirá-las contra os materialistas, só que com força ainda maior. Se Hegel foi acusado de ter paralisado a razão da juventude, castrado seu espírito, torcido sua cabeça e desorganizado seu cérebro, eles acusarão o materialismo do mesmo, de que ele cultivou a putrefação geral, oficializou a estupidez, enfiou a baboseira idiota sobre a eternidade e a edificação das leis naturais nas cabeças, envenenou a moralidade e provocou a desorganização moral da sociedade culta.   137

Como devemos nos opor a essa "debacle"? Em primeiro lugar, é preciso, em primeira linha, *impor* moral à ciência e seus representantes como uma "revolução de cima para baixo", da mesma forma como a ciência se atreve a impor seu ceticismo e desabrigo. Principalmente nos institutos fisiológicos, que enfraquecem intencionalmente o juízo moral dos estudantes por meio de experimentos bárbaros e vergonhosos, por intermédio de um maltrato de animais cruel e que zomba de toda humanidade. Em tais institutos, digo, é preciso ensinar que nenhuma verdade investigada de forma amoral possui direito de existir. Nesses institutos estatais, que foram destinados como locais e recursos para a investigação da vida, deveríamos investigar de forma experimental os fenômenos psíquicos do ser humano, deveríamos convocar homens de pensamento livre e amplo, e não filósofos vulgares[70] de "cabeça torcida". Eu disse acima que devemos nos opor ao sensualismo bruto com certas verdades transcendentes. Mas de onde encontramos essas verdades? Na religião? Há anos, os teólogos que administram a religião gritam na luta contra o diabo da incredulidade até perderem a voz. Quando a filosofia hegeliana e a ortodoxia resoluta deixaram de bastar, inventaram muitas coisas novas, cabendo um mérito considerável a certa pessoa chamada Ritschl[71]. Mas as pregações não nos permitem decidir quem nos   138

---

69. Georg Wilhelm Friedrich Hegel (1770-1831), filósofo alemão, fundador do idealismo dialético.

70. Originalmente: "cidadãos mesquinhos e espiritualmente impotentes".

71. Para Albert Ritschl, cf. a palestra 5.

70   C.G. Jung

traz algo especial, pois um dos produtos deste século é também o desprezível jargão dos púlpitos, a "língua de Canaã", que encobre tudo que poderia causar escândalo. Quem ouve uma pregação sem preconceitos logo transborda de pensamentos graciosos e planos salvíficos. Falam dessa forma tanto ao culto quanto ao trabalhador. Destes últimos cuida o partido cristão-social[72]. Fazem isso com muito entusiasmo, mas sem muito sucesso. Querem despertar a religião, querem reanimar o cristianismo, mas é tudo em vão! Nos dias de hoje, as multidões não querem acreditar – elas aprenderam esse truque com a elite dos dez mil –, elas querem saber igual aos estudiosos, que também são incrédulos e amorais. Para que servem palavras nessa situação? Para que serve o idealismo? Para despertar a religião, fazem-se necessárias ações, milagres, homens equipados com uma força milagrosa, profetas, enviados de Deus! Jamais uma religião partiu de um teórico seco nem de um idealista dotado de loquacidade, mas de homens que demonstram *ad oculos* [lit.: "aos olhos"] com ações o sobrenatural, "o mistério na religião". Nenhum postulado da razão, nenhum sentimento religioso, mas somente fatos que demonstram diretamente o sobrenatural podem sanar o dano do nosso tempo.

139   No entanto, jamais devemos achar que uma maioria seja capaz de honrar um fato. No fundo da humanidade, sempre permanecerá uma borra passiva, aquela gosma primordial grudenta, a partir de que, por meio de geração espontânea, diariamente a preguiça infernal da mente é produzida.

140   Sempre que Deus consegue criar um Fausto, o diabo calculista vai e solta cem mil filisteus culturais do inferno para que eles, com sua infinita preguiça grudenta, se pendurem no paletó e segurem o Fausto, que está "determinado a emergir desse mar do absurdo". Preguiça, covardia, teimosia e falta completa de qualquer "necessidade metafísica" caracterizam o filisteu cultural. Aos domingos, suas multidões ocupam as igrejas e proclamam palavras, ações e pensamentos edificantes. À tarde, ele é amoroso, educado e bom. À noite, ele finge entender de música ou vai passear na na-

---

72. Johann Wolfgang von Goethe (1749-1832): Goethe, J.W. *Faust I*. "*Vor dem Tore*" (verso 1065). In E. Trunz. *et al.* (orgs.) (1981). *Hamburger Goethe-Ausgabe in 14 Bänden* (vol. 3, verso 1957). Beck.

As palestras da Zofingia   71

tureza e busca a paz interior no livro aberto da criação. Na maior parte do tempo, seu humor é edificante, e ele é dominado por uma forte consciência de responsabilidade. Além disso não existe nada, e lá começa o grande vazio. Nenhum sinal de vitalidade, de entusiasmo enérgico. Ele odeia, teme e difama qualquer novidade. A grande multidão de mariposas se alia ao filisteu cultural, e elas podem ser caracterizadas com uma única palavra: *insignificantes*. São moscas efêmeras, que voam de pântano em pântano, levadas por qualquer vento.

Parece-me que fui claro. Mas sei que o que é borra sempre será borra e sempre permanecerá no fundo. Mas quando espero não ter apelado totalmente em vão à elasticidade de algumas cabeças ainda não estragadas, creio que isso seja um otimismo aceitável. Se a única coisa que resta é a esperança, posso consolar-me sabendo que cumpri o meu dever: 141

> Quem conhece a verdade e não a fala,
> este é verdadeiramente um sujeito miserável[73].

A nova psicologia empírica nos fornece fatos muito apropriados para ampliar nosso conhecimento do ser orgânico e aprofundar nossa visão do mundo. Eles abrem nossos olhos para as profundezas da natureza, para um mundo inteligível, onde o olho busca em vão uma margem, um fim. Em nenhum lugar nos sentimos tanto na fronteira entre dois mundos. Nosso corpo, retirado da matéria, nossa alma, com o olhar voltado para o alto, unidos em um único organismo vivo. Reconhecemos aqui uma ordem superior da existência. As leis do nosso mundo da percepção empalidecem diante da luz que emana da ordem metafísica das coisas que conseguimos vislumbrar. Na fronteira entre dois mundos vive o ser humano. Ele emerge da escuridão da existência metafísica, percorre igual a um cometa brilhante o mundo da percepção e se despede dele, para continuar seguindo seu caminho até o infinito.   142

---

73. Passagem do poema "Stosst an! Jena soll leben!", de August Binzer (1792-1868), um cântico de liberdade, popular entre os estudantes e trabalhadores por volta de 1818.

III
Discurso inaugural como presidente da Zofingia no semestre de inverno de 1897/1898

Queridos amigos!

143   É costume que o novo presidente eleito faça um discurso, no qual ele busca pavimentar seu caminho para o inferno com boas resoluções. Ciente de estar assumindo um cargo espinhento, certamente não me faltam boas resoluções. Se poderão ser executadas? Eu não sei. Mas esperemos o melhor!

144   Falar sobre minhas boas resoluções seria definitivamente tedioso. Acredito que cada um de nós preza tanto o outro que confiamos em que ele cumprirá seu dever com diligência. Um tema digno de uma palestra é, sem dúvida, o que o presidente deve representar, isto é, a associação. Esse é um tema que não perde para nenhum outro em termos de dignidade. Perguntemo-nos: qual é o estado em que a Zofingia se encontra?[74]

145   Por fora, vemos que, aqui, alguns jovens cultos têm uma associação, que se divide entre várias cidades suíças. Ouvimos muito sobre fraternidade, compreensão mútua, pertencimento à associação como um todo, progresso próspero na ambição comum etc. Em momentos apropriados, que ocorrem a cada semestre pelo menos uma vez, soltamos muitos fogos, o que é descrito como

---

74. Apagado no manuscrito: "Pois a Zofingia é nossa primeira e última ambição. O florescimento da associação é o centro em torno do qual tudo se agrupa. Descrever o que a Zofingia é agora em comparação com o que era é trabalho do historiador; descrever o que a Zofingia é em comparação com o que deveria ser, essa é uma tarefa que deixo para o filósofo moral. Descrever o que a Zofingia é, sem passado, sem futuro, essa é a obrigação tácita do presidente recém-eleito".

As palestras da Zofíngia 73

muito inspirador. Sólida e autoconsciente por fora, a Zofíngia pode ser comparada a uma torre no muro, que, juntamente com outras torres firmes, que também têm seu significado, protege uma cidade medieval com telhados altos. Nela vivem mercadores, que designam a si mesmos como "necessidades históricas". No centro da cidade, porém, eleva-se uma catedral maravilhosa, um lugar da graça, a qual peregrinam todas as eras; ela se chama "ideia".

De longe, viam a torre: realmente, é sólida e já levou muitos   146
sujeitos "apátridas" a quebrarem a cabeça com ela.

Seremos cruéis e nos aproximaremos: nossa parábola se des-   147
faz como neblina densa, como acontece com todas as parábolas. Em vão tentamos agarrar mil novas parábolas para representar o incompatível em uma única imagem: nenhuma se adequa, desde o "túmulo coberto de cal" até o feixe de estilhas que a deusa História amarrou com um laço branco e vermelho[75]. Já que não encontramos nenhuma parábola, tentemos nossa sorte com a realidade. Tomemos a constituição, a única coisa que nos une espiritualmente e que, dentro da associação, não sofre oposição: cheios de alegria abrimos a venerável certidão – ai, já na primeira página, no artigo 3, alguém deixou uma feia mancha bárbaro-teutônica!

Voltamos para aquela caverna, a partir da qual vimos a ci-   148
dade[76]. Realmente, a vista não é feia. Os mercadores estenderam vários panos históricos sujos, e nos becos estreitos, muitas atividades fedorentas são exercidas. Mas vemos o telhado da igreja das graças, que brilha na luz do sol, e vemos as torres e os muros cinzas, que, todos eles, protegem a igreja. Milhares de fendas e brechas percorrem as paredes desde o teto até o fundamento, mas o todo resiste.

Encontramos a parábola, antes nos faltava o "olhar da ca-   149
verna". Mas não queiramos nos afastar demais[77], voltemos para nós mesmos e vejamos o que acontece aqui. Nossa cabana mais ou menos aconchegante também apresenta rachaduras à vista de todos, nas quais gralhas e pardais constroem seus ninhos, que, com

---

75. Branco e vermelho são as cores da bandeira da Suíça, que, aqui, unem os cantões suíços.

76. Apagado: "Tomamos o telescópio". A cidade é Basileia.

77. Apagado: "mesmo que fosse apenas até Zurique".

a palha de seus ninhos, tentam preencher a rachadura por motivos egoístas? Podemos negar isso livremente. Não temos danos sérios. Os pisos dos quartos estão um pouco apodrecidos, de modo que vários tropeçaram e torceram algum membro.

150 No verão, não faz muito calor, no inverno, não faz muito frio e, entre um e outro, não sopra vento forte. Em suma, podemos oferecer a pessoas pouco exigentes um lar aconchegante. E essa oferta é aproveitada com frequência, de modo que existe uma tendência de desistir de qualquer exigência. Mas fiquemos atentos, lá fora sopra um vento bruto e, no que diz respeito às exigências, a vida não é um carteiro aposentado.

151 A fraternidade de Zofingia tem como missão formar seus membros como cidadãos dedicados e ambiciosos em todas as áreas da vida política e social. Nascida num tempo de tempestade e ímpeto (*Sturm und Drang*), criada sob as muitas mudanças das ideias políticas no meado do século, a Zofingia entrou agora no porto calmo – e talvez um pouco opaco – das ambições político--filantrópicas. De vez em quando, já afirmaram, com referência a políticos excelentes, que a Zofingia fez jus à sua tarefa. Ouso duvidar disso. O ideal vislumbrado ainda não se concretizou. Várias centenas de ex-membros da Zofingia se despediram das fileiras dos ativos sem que jamais tivessem acatado nenhuma ideia política. E entre eles havia homens cujo nome era bem-visto na terra suíça. Certamente, o estabelecimento de um ideal inalcançável revela uma postura nobre, mas virá um tempo em que as pessoas se perguntarão sobriamente: é realmente tarefa nossa correr atrás de uma bolha de sabão colorida, historicamente necessária, tentar capturar o lindo, mas inalcançável arco-íris? Virá um tempo em que as pessoas levarão a mão à testa e se perguntarão: devemos realmente sacrificar nosso mais ardente entusiasmo para a ideia histórica de uma pátria? Colocar nossas melhores faculdades a serviço de um movimento político reconhecidamente bom? Esse tempo ainda é um sonho, mas por quanto tempo mais? Nos dias de hoje, não conhecemos mais tempestades políticas. Há muito, a tempestade primaveral do entusiasmo político se acalmou sobre nosso tempo inflado. Por toda parte, percebemos um desânimo assustador. Basta olhar para a participação pífia em

As palestras da Zofingia

nossas eleições populares. Qual teria sido o comentário de Abel[78] Burckhardt diante disso? Os jornais fazem sua parte para aumentar ainda mais o desânimo, o nojo e o tédio. Com esquemas incrivelmente baixos, com cabalas, difamações, suspeitas miseráveis, com as insinuações mais sujas, com o mais sujo que um jornalista sujo pode inventar, a gentalha é provocada e os estudiosos são repugnados diariamente. Isso acontece em todos os partidos, por mais conservadores que sejam. Quando os jornais decentes, por respeito à moral dos leitores, não são positivamente baixos, eles se dedicam a banalidades. É o que acontece na pátria amada. Lá fora, na grande política, ocorre algo semelhante, só que de forma mais pomposa. Se, de repente, um sujeito honroso viesse de outro planeta em que não se faz política, caísse na Terra e visse o que se fez com a Grécia e a Ilha de Creta[79], como todos os potentados correm até o príncipe dos mongóis na Newa para lhe prestar homenagem *a posteriori*, como o imperador alemão tenta agradar ao javali turco, ele entoaria de todo coração a palavra libertadora do velho Blücher[80]: "Estes são os malditos cães de merda dos diplomatas!".

---

78. No manuscrito, Jung escreveu primeiro "Jakok", depois ele mudou o primeiro nome para "Abel". Abel Burckhardt (1805-1882), primeiro presidente da seção de Basileia, compôs o cântico "Was brausest du, mein junges Blut" [Como efervesce meu sangue jovem]. Como membro da Zofingia desde 1823, estudante de teologia e pastor, fez muitas palestras em que encorajou seus camaradas a serem corajosos e a levarem uma vida religiosa. Cf. Burckhardt, A. (1883). Was brausest du, mein junges Blut. *Centralblatt des Schweizerischen Zofingervereins, 23*(3), 110s. Outra pessoa chamada Abel Burckhardt (1871-1958), também pastor, foi colega de Jung na Zofingia.

79. Em 1896, alguns rebeldes na Creta se levantaram contra o domínio turco, e, em 1897, a ilha declarou sua união com a Grécia, que havia enviado tropas para apoiar os rebeldes. A guerra greco-turca de 1897, também conhecida como a Guerra de Trinta Dias, terminou com uma vitória avassaladora do exército turco, que havia sido reorganizado com ajuda da Alemanha. A Grécia cedeu à pressão das potências europeias, retirou suas tropas de Creta e foi obrigada a ceder terras à Turquia na Tessália.

80. Gerhard Leberecht von Blücher, príncipe de Wahlstatt (1742-1819), marechal, conduziu os exércitos prussianos à vitória contra Napoleão.

76 C.G. Jung

152   De modo mais nítido e claro do que nunca, a política se mostra a nós, uma imagem terrivelmente nua e despida. Uma careta triste demais para ser ridícula.

153   Onde estão aquelas figuras de fogo e espírito, portadoras de uma ideia criativa? Onde estão os homens que, com mão poderosa, que interferem nos raios da roda do mundo, que apontam novas estruturas para as marés de ideias incompletas? Eles e, juntamente com eles, o pensamento ideal são coisas do passado.

154   Alguns otimistas objetarão e defenderão energicamente a santidade do entusiasmo político moderno. Admito que, de vez em quando, uma pessoa realmente se entusiasme na companhia de dois ou três amigos. Mas, nos dias de hoje, o entusiasmo das multidões costuma ser algo grandiosamente estúpido. Basta lembrar as chamas do entusiasmo sagrado dos cidadãos radicais de Langenthal[81], quando, com música e bandeiras, votaram com um "não" retumbante no caso dos espólios. Ou os momentos edificantes na praça do nosso mercado, quando o Senhor Brenner, por causa de um escarro, não pôde receber suas fiéis associações de ginástica e professores. Nesses momentos, sempre há algum velho jubiloso nas proximidades do jornalista que, tomado de emoção, não para de enxugar as lágrimas e cerimoniosamente declara nunca ter visto algo tão lindo e edificante, embora seja tão velho que participou do *Sonderbund* e do *Preussenhandel*.

155   Muito mais estúpidos são os entusiasmos oficiais na Alemanha; o mais estúpido, porém, é o entusiasmo pelos russos na França.

156   Um único entusiasmo lindo em tempos mais recentes é aquele que atiçou os helenos contra os turcos. Isso esquentou os corações. Bem, os cães do entusiasmo oficial em toda a Europa se apressaram a depenar a jovem águia para garantir a vitória de tudo que é ilegítimo, baixo, dissoluto, estúpido e insignificante.

157   A Zofingia exige que enviemos políticos diligentes para esse caos. O que é um político diligente? Trata-se de um *homo*

---

81. Em 1850, os novos membros da Zofingia e da Helvetia exigiram que os velhos membros conservadores da Zofingia não fossem convidados para o encontro anual. Quando as autoridades locais não concordaram, os novos membros escolheram a cidade de Langenthal como local de reunião (cf. Kundert, 1961, p. 21).

As palestras da Zofingia 77

politicus [homem político], de um tipo especial de pessoa sem alma nem consciência? Aparentemente, é esse tipo de pessoa que se faz necessário para chafurdar no lodaçal da política. Felizmente, tais pessoas não podem ser feitas, elas nascem do ventre insondável dos tempos, duas ou três a cada século. Então, elas *precisam* fazer sua parte. Os povos as abençoam e as veneram como santas ou as amaldiçoam como flagelos de Deus. A Zofingia não produz esse tipo de pessoa, ela busca formar cidadãos, *homunculi politici* [homenzinhos políticos]. Mas estes precisam de alma e consciência para que possam servir como contraste para os grandes e a resistência, que permite que o espírito dos grandes se incendeie na forma de relâmpagos e trovões, talvez também o incentivador, o portador e propagador da ideia. O grande lança problemas e tarefas no mundo, sem se preocupar se eles destroem ou fertilizam. Mas, para que existam pessoas que os acolhem, pessoas no verdadeiro sentido da palavra, essa é a contribuição que a Zofingia deve e precisa fazer. Ela deve formar pessoas, não animais políticos, pessoas que riem e choram, pessoas cientes de seu espírito e de sua vontade, pessoas que sabem estar entre pessoas que precisam se suportar, pois todas estão sob a mesma maldição de serem pessoas. A tarefa de limpar os estábulos de Augias, de atravessar essa montanha que se ergueu sorrateiramente entre as pessoas, pode parecer desesperadora. Devemos encarar essa tarefa de olhos abertos! Ela é nobre, pois abarca tudo que nós devemos fazer nesta Terra. É a tarefa de melhorar e elevar a nós mesmos e nossos próximos.

Há vários caminhos que levam a esse destino. Considero o 158 mais nobre o caminho da troca intelectual irrestrita, longe de todos os preconceitos e segundas intenções, para conhecer o ser humano como ser humano, e não como amável gado social. Isso nos impede de julgar pela aparência, pela superfície. Assim construímos uma relação de amizade, com a qual a "amicitia" em nosso lema pode se alegrar. Assim abrimos caminho para os "litteris", para a educação que, nos dias de hoje, nenhuma universidade nos dá – ai, se ainda fosse como antigamente, quando ainda caminhavam pelos corredores frescos de Atenas.

159   Quando adentrarmos a vida, haverá também o cidadão que fará jus ao lema "patriae" de seus tempos de faculdade.

160   E a bebedeira, essa qualidade difamada do estudante, não pode ser elevada ao simpósio?

161   Incentivar a troca intelectual é tarefa sua e minha. Ela é elevada, porém, não é inalcançável. Incentivá-la é nosso dever. E sempre devemos cumprir nosso dever: pois, a despeito de Nietzsche, a moral vale alguma coisa.

162   Esta é minha "confissão".

IV
Reflexões sobre a natureza e o valor da pesquisa especulativa
(semestre de verão de 1898)

"[...] quid aeternis minorem consiliis animum fatigas?"[82]

4.1 Introdução

(Auditoribus meis mortuis, semi mortuis, semi vivis, vivis)[83]

"Reflexões sobre a natureza e o valor da pesquisa especulativa?", pensa o ouvinte. "Certamente absurdos da quarta dimensão, adornados com chavões filosóficos?". Agora, peregrino, apressa-te, caso contrário, ele tentará convencê-lo de suas mentiras! (Observação para o autor[84]). Ah, nada disso! Agora, haverá "canto betuminoso enquanto se derrama a garrafa turva"! Não haverá fala caluniosa contra os queridos santos do materialismo, não haverá "revolução" contra a tradição, nenhum brado proveniente da minha carga hereditária, nada, nada disso! Entrarei galopando ordenada e objetivamente, como um cavalo obediente, com sela moral e burguesa, com as insígnias da basileia no traseiro. – Nada perceberá o ouvinte da natureza pueril e bruta; as falas serão amáveis, e ventos suaves soprarão entre elas, como no chá com bolo no dia para a família da aliança das virtudes.

---

82. Horácio (65-8 a.C.), autor romano. Aqui, citação de "Quid bellicosus Cantaber et Scythes" (livro II, canto XI): "Por que, mero homem fraco, tu te torturas com pensamentos para tempos eternos?".

83. "Aos meus ouvintes mortos, semimortos, semivivos, vivos".

84. Na versão manuscrita desta palestra, encontra-se nas margens de vez em quando a nota "Observação para [sic!] o autor", sem que seu significado seja evidente. As notas são do próprio Jung. No que segue, excluímos essas notas.

80 C.G. Jung

164   Despidas de toda agudez subjetiva, cuidadosamente objetivadas, sem qualquer traço pessoal, igual a uma camisa que tirei, lavei, alisei e engomei. O teor geral é desajeitado e tedioso, mas, para o bem das reflexões, inseri oportunamente duas citações em cada página, "trechos de autores bons", cuja propagação é recomendada à "juventude universitária". A história é longa e entediante como o melhor tema da discussão central. Um trabalho autêntico dos amigos da Zofingia costuma fazer jus a uma das três máximas, por exemplo, trabalhos sobre os bancos centrais, canções populares, mocetões etc. Meu trabalho faz jus às três. É, portanto, um trabalho *comme-il-faut* [como deve ser].

165   Talvez, outros pensarão o contrário! Tudo depende do que acham da ciência e do trabalho científico: "Para alguns, ela é a deusa elevada e celestial, para os outros, uma vaca eficiente, que lhes fornece manteiga" (Schiller, [19--?], vol. 4, p. 179).

4.2 Reflexões sobre a natureza e o valor da pesquisa especulativa

166   Em algum lugar, Kant[85] afirma: filosofia e ciências são um luxo da razão. Essa significativa palavra kantiana merece ser lembrada de forma vívida justamente nos dias atuais. Hoje, tendemos a praticar as ciências pela vantagem e a julgar qualquer atividade científica a partir desse ponto de vista. Avaliamos o lado lucrativo dos estudos e da faculdade e costumamos evitar digressões do currículo. Por quê? Porque uma digressão, uma excursão a outro campo não nos traz nada. Em outras palavras, não obtemos vantagens sobre os concorrentes na nossa disciplina com excursões a regiões mais distantes; até fragmentamos nossas forças e prejudicamos o progresso próspero do nosso estudo. Uma digressão é, portanto, um luxo que não cabe no bolso de todos. Mas Kant nos diz que cada ciência é um luxo. Um luxo não serve para nada. Logo, ela não serve para nada. Nenhuma ciência serve para algo. Os povos não cultivados nos ensinam que o ser humano consegue sobreviver muito bem sem qualquer ciência. Ela só serve para

---

85. Referência a Kant, I. (1821, p. 249, §68): "As ciências são o luxo da razão, que nos dão um antegosto do que seremos na vida futura".

As palestras da Zofingia 81

algo quando abandona a alta posição ocupada como propósito e se rebaixa à indústria. A ambição dos povos cultivados de todos os tempos visa a despir a ciência constantemente de sua inutilidade e pô-la a serviço de propósitos práticos. Pois, para o ser humano natural, uma coisa que não serve para nada não é uma coisa, uma atividade que não possui um resultado palpável não é atividade. Por isso, o camponês e o soldado costumam ver o estudioso como um parasita preguiçoso. Como sempre foi no pequeno, acontece agora no grande com a mais nobre das ciências, a filosofia. Cada industrial, seja ele comerciante ou dono de uma fábrica, químico ou médico[86], julga inútil cada ambição para além de resultados palpáveis e, já que é inútil, como prejudicial[87]. A direção infinitamente prática, totalmente realista do nosso tempo despreza qualquer idealismo. O centro de todos os interesses é transferido para relações externas. A salvação da humanidade está em Estados bem-ordenados, em desenvolvimento social. A sorte do indivíduo é condicionada por circunstâncias externas, por exemplo, por uma situação financeira segura. Não surpreende, então, quando tudo é adequado a esse fim. A ideia da secularização de todos os interesses tem sido muito fértil para certas áreas. A ela devemos o desenvolvimento da cultura geral. Dela nasceram os Estados modernos com sua construção sólida; dela se deduzem todas as conquistas práticas das ciências na tecnologia e na indústria. Aproveitando plenamente suas conquistas materiais, a humanidade se derrama em correnteza larga na confusão e nas engrenagens mil da existência. Espera-se tudo do sucesso material. Essa correnteza, exclusiva a nós em comparação a todas as eras anteriores, manifesta consequentemente os paradoxos mais curiosos: não podemos deixar de citar alguns. Por exemplo, a consciência nacional, a entrega total ao Estado, a democracia social. E também a igreja (*situm teneamus*! [permaneçamos em nossos lugares!]) contribui para a ciranda com diversas curiosidades: nas igrejas, rezamos pelo bem-estar da pátria, mas o fazemos sem a consciência de que cada bem social precisa necessariamente ser compensado por uma

---

86. Apagado: "jurista ou pastor reformado".

87. Apagado: "Em tudo que se eleva acima da norma, perguntam-se: E para que serve isso? Isso traz vantagem para quem?"

82 C.G. Jung

infelicidade social. Indiretamente, portanto, rezamos para que os produtores estrangeiros sofram muitos infortúnios, para que a nossa indústria possa se aproveitar bastante disso. Os representantes da Igreja cristã moderna até se equivocaram a ponto de pregar a devoção ao Estado e a ver a igreja como um instituto que forma bons cidadãos. Nietzsche chega a dizer: "Vivenciamos aqui [...] as consequências daquela doutrina proclamada do alto de todos os telhados segundo a qual o Estado é o objetivo mais elevado da humanidade e que não existem deveres mais nobres para o homem do que servir ao Estado; nisso reconheço não um retorno ao paganismo, mas à burrice [Nietzsche, 1906, p. 244].

167 A ideia da secularização dos interesses já se apoderou de círculos filosóficos e ali encontrou seus representantes, por exemplo, Eduard von Hartmann[88], com seu princípio moral imanentemente eudaimônico, e Wilhelm Max Wendt, com seus propósitos humanistas.

168 Nem sempre o sucesso material era o único critério a determinar o propósito. No passado, na Idade Média, quando florescia a ideia da teocracia, quando milhares de mosteiros e igrejas davam testemunho de que o centro de gravidade da existência não havia sido transferido para relações externas, mas para o interior de cada indivíduo. O homem ainda vivia mais no contexto da natureza, as mil comodidades da vida cultural não o prendiam em relações externas. Ele encontrava tempo para ser um indivíduo entre indivíduos. Seu princípio cultural era um tom imanente do futuro do mundo, isto é, o homem medieval não dava muito valor ao sucesso material. Para ele, o problema do desenvolvimento não era um problema externo, mas interno. Ele não conhecia o conceito do bem-estar mediano, da felicidade social. Ele só conhecia o aprimoramento e a salvação do mundo por meio do desenvolvimento e aprimoramento do indivíduo. A natureza do homem medieval é caracterizada por um egoísmo transcendental. A natureza do ho-

---

88. Eduard von Hartmann (1842-1906), filósofo alemão da escola do idealismo, busca, com seu conceito do "inconsciente absoluto", uma síntese entre o "espírito absoluto" de Hegel e o conceito de vontade de Schopenhauer e o "inconsciente" de Schelling. Em seus escritos posteriores, Jung se refere frequentemente a ele e à obra de Hartmann, E. (1869). *Philosophie des Unbewussten* (3 vols.). Duncker. (Obra também publicada pela editora Friedrich, em 1886), além de outras obras.

As palestras da Zofingia

mem atual é caracterizada por um egoísmo imanente. Qual dos dois é o ponto de vista cristão que dispensa qualquer explicação. O homem moderno nada sabe do indivíduo. Os indivíduos que conhece são cantões e Estados. Na maioria das vezes, ele já perdeu a consciência individual. Ele se percebe como um elo nuclear na infinita corrente do Estado. O homem moderno repassa a responsabilidade da produção da felicidade individual e responsabiliza o Estado, isto é, as relações juridicamente regulamentadas de seus próximos com ele. Diferenças individuais envolvem uma diferença de exigências. Visto que disso resultam apenas incômodos para a unidade e homogeneidade jurídica do Estado, o homem moderno busca nivelar e destruir as individualidades por meio de uma educação uniforme. Nos dias de hoje, nem todos produzem sua felicidade pessoal, o Estado produz a felicidade para o indivíduo.

A secularização absoluta dos interesses é a característica que distingue o homem moderno do homem medieval.

169

O aperfeiçoamento das relações externas arrancou o ser humano do contexto natural, no entanto, apenas do contexto natural consciente, não do inconsciente. O homem cultural acredita ser infinitamente superior à natureza bruta. Ele é Conselheiro Real ou Vossa Excelência, Príncipe Tal e Tal ou Deputado Nacional ou qualquer outra coisa, talvez por 20 ou 30 anos. De um dia para o outro, porém, aproxima-se sorrateiramente a bactéria, e toda a grandiosidade do homem cultural no Estado mais bem-ordenado do mundo, em meio à mais brilhante externalidade, adoece miseravelmente, tão bem ou tão mal como um fulano qualquer ou como outrora nossos ancestrais, os trogloditas. De que serve então toda a cultura mundial, todo o futuro mais maravilhoso dos netos, que, graças aos nossos trabalhos técnicos preparatórios, se locomoverão em naves aéreas e se alimentarão de proteínas artificiais? O coitado homem cultural, por mais cultivado e atualizado estivesse em termos políticos, nada mais aproveita da vida e precisa despedir-se da existência que ele tinha afirmado do fundo do peito. Ele alcançou o sucesso material, isso o deixou feliz? Não, certamente não. Ter não é prazer, apenas alcançar o ter é prazer. Jamais alguém teve tanto sucesso que não tivesse desejado mais. Simplesmente porque o ser humano ambiciona a felicidade, mas a felicidade está somente no momento em que o sucesso é

170

84 C.G. Jung

alcançado, depois, ela se transforma novamente na rotina insípida. Quando o ser humano moderno busca a felicidade no sucesso material, qualquer ambição que não visa à mesma coisa é condenada como inapropriada. A pressuposição de que a felicidade consiste em relações externas é, na maioria das vezes, um juízo *a priori* [válido independentemente de toda experiência], isto é, a maioria das pessoas não faz ideia de que a felicidade poderia estar em outro lugar. De certa forma, o bem-estar nunca é imaginado de outra maneira a não ser como baseado em causas externas. Essa conclusão, porém, é totalmente incorreta. No entanto, subjaz a ela uma indução aparentemente correta: vê-se que o sucesso material tem um efeito que alegra. Disso conclui-se incorretamente: portanto, todo sucesso material é a causa de toda alegria e necessariamente causa alegria. O sucesso não está necessariamente ligado organicamente à alegria. Na verdade, ele é totalmente indiferente. Tudo depende do sujeito. Se o sujeito já é feliz, o sucesso causará ainda mais alegria. Se o sujeito é infeliz, muitas vezes, o mais belo sucesso pode evocar os sentimentos mais amargos. A felicidade é algo totalmente subjetivo e não apresenta nenhum vínculo necessário com a relação externa. Caso contrário, todos que têm menos de um milhão teriam que ser proporcionalmente infelizes ao quadrado da distância. A felicidade é de natureza tão subjetiva que, frequentemente, independe totalmente das relações externas. "Não ganhaste refresco, se ele não jorra de tua alma", afirma Goethe (*Fausto I*, "Noite", vol. 3, 1957, cf. nota de rodapé no §140).

171   Isso nos mostra que a busca moderna da felicidade é altamente unilateral, pois a felicidade é buscada na causa aleatória, que se encontra fora de nós. Mas o fato de essa felicidade que é buscada fora de nós não ser felicidade, mas apenas o cessar de infelicidade, já foi demonstrado suficientemente por Schopenhauer. Logo, em nossa busca da felicidade positiva, dependemos inteiramente de nós mesmos, ou seja, do sujeito. Fora de nós não existe felicidade positiva, pois a felicidade positiva é um estado subjetivo, cujas causas se encontram inteiramente fora das sequências causais objetivas. O caminho para a felicidade não passa, portanto, pelos teatros e salas de concerto, não passa por honra e fama, mas pelas profundezas do nosso próprio ser. Schopenhauer diz corretamente: "Pois por trás de nossa existência existe algo dife-

As palestras da Zofingia   85

rente, que só se torna acessível quando sacudimos de nós o mundo"[89]. Como uma fonte de felicidade positiva podemos designar a assim chamada consciência tranquila, ou seja, o sentimento de inocência moral. Esse sentimento surge quando satisfazemos um impulso instintivo, o imperativo categórico, como Kant o chamou. É a exigência inalienável de fazer o que consideramos bom e de não fazer o que consideramos mau. Agir de acordo com as exigências do imperativo categórico inclui uma sensação de prazer, assim como a satisfação de todo instinto resulta em certa soma de prazer. Recentemente, foi principalmente Eduard von Hartmann que apontou para a sensação de prazer na satisfação do instinto e explicou o mesmo indutivamente com numerosos exemplos científicos. Outra inesgotável fonte da felicidade pode ser a satisfação da pulsão pela causalidade. Assim como, no campo da razão prática, *uma* voz e *uma* lei orientam nossas ações, no campo da razão pura governa *uma* lei, da qual se deduzem todas as leis da ciência, a categoria da causalidade. Quando Kant investigou as leis do nosso pensamento, encontrou certas formas dentro de cujos limites ocorre todo o nosso pensamento. Ele chamou essas formas de categorias. Ele encontrou doze. Em sua *Crítica à filosofia kantiana*, Schopenhauer as reduziu a três, ou seja, tempo, espaço e causalidade. Tempo e espaço são formas de percepção, e a causalidade é uma forma de pensamento. Essas três formas são *a priori*, ou seja, são juízos anteriores a toda experiência. A razão necessita delas de modo absoluto, pois não existe representação perceptual que não ocorresse dentro de tempo e espaço, e não existe processo de pensamento cuja natureza mais íntima não fosse causalidade. A quase todos os seres humanos inere uma necessidade de causalidade, quanto mais ao ser humano com tendências filosóficas. Nesse caso, a felicidade, ou seja, a satisfação da necessidade de causalidade, se chama verdade. O conhecimento total das causas envolvidas no conceito de verdade é, muito provavelmente, uma impossibilidade antes da razão crítica. Mas, se a verdade reconhecida é absoluta ou altamente relativa, isso não significa nada para a felicidade, pois a satisfação da necessidade de causalidade é proporcional não ao grau do conhecimento verdadeiro, mas ao

---

89. Essa citação de Schopenhauer não pôde ser identificada.

86 C.G. Jung

grau da fé atribuída ao conhecimento. É mais do que provável que todo o nosso conhecimento seja de natureza altamente relativa, porém a fé nele, que o considera absoluto, nos deixa felizes.

172 A satisfação de duas exigências *a priori*, do imperativo categórico e da categoria da causalidade, é o que, sob certas circunstâncias, pode deixar um ser humano feliz e lhe pode conceder uma satisfação, que nenhuma externalidade é capaz de dar. A efemeridade e a natureza passageira de todas as relações externas do ser humano são conhecidas demais para que necessitem de uma explicação extensa. Um ser humano pode sobreviver a todos os seus amigos e conhecidos, pode enterrar o que mais amou e levar uma existência solitária em tempos estranhos, no entanto, não sobreviverá nem enterrará a si mesmo nem suas relações internas, pois elas são ele mesmo, ou seja, são inalienáveis.

173 Talvez alguém faça a objeção que também relações externas, a despeito de sua instabilidade, podem ser uma fonte de felicidade positiva pelo menos durante a sua existência. Além de, para muitas pessoas, essa felicidade parecer desprezível, é preciso observar que, em relação a prazer-desprazer, cada relação externa se comporta de forma mais ou menos indiferente e que tudo depende da disposição em que o sujeito se encontra. A paisagem mais maravilhosa, a música mais divina não vale nada quando a pessoa está com dor nos dentes. A todos os prazeres externos pertence primeiramente uma disposição interna, seja saúde ou paz de espírito.

174 Do que foi dito acima podemos concluir que existem dois tipos de felicidade, uma felicidade real e duradoura e outra aparente, extremamente instável. No entanto, só reconhecerá a extensão dessa descoberta aquele que já exigiu tudo da felicidade. Essa descoberta exige insatisfeitos que já tentaram obter do mundo a felicidade de todas as maneiras. O satisfeito não possui capacidade de julgar. Podemos dizer que a busca da felicidade é o motivo de toda ação. Mas o ser humano não vive sozinho, e não é bom que esteja sozinho. Seus próximos exigem felicidade dele e de todos os outros. E para que essa exigência fosse cumprida, as pessoas inventaram o Estado, como uma máquina que absorve as conquistas do indivíduo e as devolve de forma diluída a cada membro da aliança. Visto, porém, que o Estado como totalidade de todos os cidadãos só pode aproveitar

As palestras da Zofíngia   87

sucessos materiais, é evidente que só se dá valor à busca do sucesso material. Exige-se, portanto, que a felicidade do indivíduo possua também objetividade, ou seja, uma fonte objetivamente perceptível. Quando esta não pode ser demonstrada, como acontece no caso da felicidade puramente ideal, a busca do ideal é considerada inútil. Isso nos leva a um problema, à pergunta se a filosofia e a ciência pura são realmente um luxo da razão no sentido transcendental e se devemos atribuir, mesmo assim, uma realidade metafísica ao objetivo ideal da necessidade de causalidade[90].

Os subjetivistas exclusivos, ou seja, pessoas que veem o mundo como ilusão e a diversidade das formas como um jogo do nada cintilante, têm negado uma objetividade do propósito, ou seja, não reconhecem que exista uma teleologia externa a nós mesmos, mas afirmam que toda a utilidade da natureza foi projetada pela nossa cabeça sobre o mundo. Eles, os epígonos de Kant e os materialistas, têm pelo menos isso em comum. É evidente que esse ponto de vista é extremamente infértil e árido. Para a pesquisa especulativa com base científico-indutiva, esse ponto de vista é simplesmente a morte. Para um ser humano com sentimentos e sensações saudáveis, é desespero. O fundamento de toda filosofia só pode ser empírico. Nossas experiências, que fazemos conosco mesmos e por meio de nós mesmos no ambiente, são o único fundamento real da filosofia. Cada construção *a priori* que abstrai de toda experiência precisa resultar em equívocos. Deveríamos ter aprendido isso com os erros dos primeiros filósofos pós-kantianos como Fichte, Schelling, Hegel[91] etc. Como diz Nietzsche: nossa filosofia deve ser, em primeira linha, uma filosofia das coisas mais próximas. Nossa filosofia deve ser a dedução do desconhecido a partir da base real da experiência, segundo a máxima da razão suficiente, e não uma dedução de dentro para fora nem uma negação do externo com a afirmação exclusiva do interno. Além dos oito[92] juízos *a priori* – tempo, espaço, causalidade[93] – não existe

175

---

90. Apagado: "e do imperativo categórico".

91. Johann Gottlieb Fichte (1762-1814), filósofo alemão do idealismo; para Schelling, cf. nota no §182; para Hegel, cf. § 137 com nota.

92. No manuscrito: "8". Equívoco, em vez de "3"? Mas cf. a seguinte anotação.

93. Apagado: "*imperativus categoricus* e os instintos positivos".

nenhum que não se apoie na experiência. Assim, os juízos sobre o propósito não são juízos *a priori*, cuja objetividade não possa ser demonstrada. Segundo o princípio da razão suficiente, podemos demonstrar propósitos externos a nós. Eduard von Hartmann foi o primeiro a fazer isso, com um método da ciência exata, isto é, com o cálculo da probabilidade.

176 Cada ação se conforma a fins quando ela possui um propósito subjetivo. Segundo o princípio da razão suficiente, antes de cada ação cujo propósito se conforma a seu fim, precisa existir uma representação teleológica. Subjetivamente, cada ser humano experimentou que esse princípio é correto. Quando vemos outra pessoa executando uma ação que se conforma a seu fim, inferimos, a partir dessa percepção em comparação com nossas próprias ações, que essa pessoa representou um propósito. *A posteriori* [conhecimento posterior à experiência], isso é confirmado pela declaração dessas pessoas. Vemos, portanto, que nossa indução por analogia foi correta. Quando resumimos as milhares e milhares de induções corretas, temos a prova indutiva para a objetividade do propósito. Não temos nenhuma representação de ações que se conformam ao fim que não fossem antecedidas por uma representação teleológica, exceto das ações instintivas. É característico de uma ação instintiva que cada uma de suas fases se conforme ao fim e garanta o melhor sucesso possível. Quando explicamos a ação instintiva, fazemos bem em lembrar a nós mesmos e a cada pesquisador as quase esquecidas *regulae philosophandi* de Newton. A *regula secunda* afirma: "Idoque effectuum naturalium eiusdem generis eaedem assignandae sunt causae, quatenus fieri potest. (Uti respirationis in homine et in bestia; descensos lapidum in Europa et in America; lucis in igne culinari et in sole; reflexionis lucis in terra et in planetis)"[94].

---

94. Sobre Isaac Newton (1643-1727), cf. § 120 com anotação. Aqui: Newton, I. (1687). *Philosophiae naturalis principia mathematica*. Joseph Streater. Em alemão: Newton, I. (1872). *Mathematische Principien der Naturlehre*. Robert Oppenheim. "Por isso devemos, para chegarmos ao mesmo resultado, partir da mesma causa. (Isso se aplica à respiração do homem e do animal; à origem das pedras na Europa e na América; à luz do fogo de nosso fogão e do sol; ao reflexo da luz na terra e nos planetas").

As palestras da Zofingia   89

Segundo essa regra newtoniana, somos forçados a não criar   177
um novo princípio para a ação instintiva, mas, segundo a experiência já existente, deduzir uma representação teleológica inconsciente e não diretamente demonstrável que subjaz a cada ação instintiva. Portanto, podemos dizer: uma ação instintiva é uma ação cuja causa pode ser de natureza material, mas cujo motivo real é uma representação teleológica inconsciente.[95]

O instinto é um *agens*, que, sem estar sujeito à nossa vontade,   178
influencia nossas ações e as remodela num sentido alheio à nossa consciência e só é reconhecido *a posteriori*. Sob esse ponto de vista, a categoria da causalidade deve ser designada diretamente como instinto. Também Helmholtz afirma em sua obra *Physiologische Optik* [Ótica fisiológica] (1867, p. 455): "Portanto, a lei da razão suficiente nada mais é do que a *pulsão* de nossa razão de subjugar todas as nossas percepções ao seu domínio, não é uma lei natural"[96]. Não é difícil demonstrar isso. A forma mais primitiva de toda causalidade se encontra nas induções inconscientes. Quando as terminações nervosas são estimuladas e o estímulo alcança o consciente, já existe a representação de uma causa externa, ou seja, imediata e inconscientemente referimos o estímulo a uma causa externa. Sem participação de nossa vontade, o instinto de causalidade antecipou autonomamente um processo de raciocínio consciente, ou seja, a vinculação a uma causa externa. A vinculação ocorre de forma inconsciente, totalmente independente da vontade, e o resultado nos é apresentado como algo estranho.

Assim, por exemplo, o instinto do amor apresenta formas mais   179
fracas e mais fortes, o mesmo acontece com o instinto da causalidade. A forma primitiva da causalidade pode ser intensificada a ponto de se apoderar de todas as funções mentais e remodelá-las. Assim como a pulsão sexual pode transformar o ser humano em um monstro, a simples categoria de causalidade também pode assumir o caráter de uma necessidade, de um desejo insaciável que se sobrepõe a tudo, de modo que até a vida é sacrificada para satisfazê-la. Aquele anseio que arde em nós de modo insuperável, que nos leva a

---

95. Apagado: "Eduard von Hartmann forneceu para isso a prova de probabilidade".

96. Hermann von Helmholtz (1821-1894), importante fisiólogo alemão: Helmholtz, H. (1867). *Handbuch der Physiologischen Optik*. In G. Karsten (org.) (1857-1862). *Allgemeine Encyklopädie der Physik* (vol. 9, p. 455). Voss.

desprezar tudo que é obra e preceito dos homens, que nos faz sorrir quando outros choram. É aquele desejo ardente pela verdade, que derruba todos os obstáculos e consegue até reprimir a vontade de viver. Mesmo que não seja verdade, é uma invenção ótima quando dizem de Empédocles que, para sondar o insondável, teria se lançado na cratera do Etna. Horácio, porém, o acusa de outros motivos, que combinam muito bem com o caráter de um romano:

> "[...] deus immortalis haberi
> dum cupit Empedocles, ardentem frigidus Aetnam
> insiluit"[97].

180   No entanto, não é só a Antiguidade clássica que conhece essas figuras trágicas, esses personagens faustianos, cuja vida e morte são o conhecimento da verdade. Quando se tornou famoso com a crítica à filosofia kantiana, Heinrich von Kleist (1964, vol. 2, p. 634) escreveu a um amigo: "[...] a verdade que reunimos aqui, não *é* mais assim após a morte – e toda ambição de adquirir propriedade, que nos persegue também até o túmulo, é em vão [...] quando a ponta desse pensamento não acerta teu coração, não zomba do outro que se sente ferido por isso em seu âmago mais sagrado. Meu objetivo único e mais nobre afundou, e agora não me resta mais nenhum"[98].

181   Em cada ser humano saudável e pensante, a simples necessidade de causalidade se transforma em desejo metafísico, em religião. Quando o primeiro ser humano perguntou "por quê?" e buscou sondar o motivo de uma mudança, surgiu a ciência. No entanto, a ciência sozinha não é suficiente para nenhuma pessoa, ela precisa se ampliar e se transformar em filosofia, em uma filosofia "repleta de fé e entusiasmo, que só assim merece o nobre nome da sabedoria", como afirma DeWitte[99]. Toda filosofia autêntica,

---

97. Horácio, *De Arte poética*, versos 464-466: "Porque desejava ser visto como um Deus imortal, friamente Empédocles se lançou no Etna ardente".

98. Heinrich von Kleist (1777-1811), poeta alemão, em uma carta a Wilhelmine von Zenge, Berlim, 22 de março de 1801.

99. Provavelmente, Wilhelm Martin Leberecht de Wette (1780-1849), professor de Teologia em Berlim até 1822, quando seu racionalismo radical provocou sua demissão. Depois disso, foi professor em Basileia. A biblioteca de Jung contém seu livro sobre "A natureza da fé cristã, representada sob o ponto de vista da fé" [*Das Wesen des christlichen Glaubens vom Standpunkt des Glaubens dargestellt*] (1846).

As palestras da Zofingia

como expressão plena do anseio metafísico, é religião. A religião é a mãe que, com braços amorosos, acolhe seus filhos, os quais, assustados com a confusão e "as atividades implacáveis da natureza despida de Deus" e desesperados diante do problema abalador da existência, se refugiam nela.

Designamos ações instintivas todas aquelas ações extraordinariamente maravilhosas das plantas e dos animais que se conformam a um fim e que, desde sempre, têm provocado a justa maravilha de todos os pesquisadores da natureza. Principalmente no início deste século, as pessoas mais extraordinárias voltaram todo o seu interesse para o instinto. Schelling, por exemplo, afirma: "São os fenômenos do instinto animal que, para cada pessoa pensante, pertencem aos maiores – verdadeira pedra de prova da filosofia verdadeira"[100]. Charles Darwin até se viu obrigado a introduzir o instinto como um novo princípio na teoria da evolução[101]. Como sabemos, Schopenhauer declara o instinto como fase de objetivação da vontade. Hartmann faz o mesmo, mas acrescenta o elemento absolutamente necessário da representação teleológica. 182

O caráter de toda ação instintiva é absoluta conformidade ao fim. Como demonstramos, a categoria da causalidade deve ser compreendida como instinto. Portanto, também a categoria da causalidade se conforma absolutamente ao fim. 183

Se seguirmos uma sequência causal em ordem inversa, logo alcançamos um limite, onde nossa compreensão, isto é, nosso estabelecimento de representações de causas termina. A física nos fornece um exemplo excelente. A pedra cai. Por quê? Porque é 184

---

100. Friedrich Wilhelm Schelling (1775-1854), filósofo natural alemão, fundador do "idealismo objetivo", autor de *Ideen zu einer Philosophie der Natur* (1797), *Erster Entwurf eines Systems der Naturphilosophie* (1798/1799) e o póstumo *Philosophie der Mythologie und Offenbarung* (2 vols., 1854). A fonte da citação não pôde ser identificada.

101. Apagado: "Um procedimento que só pode ser explicado a partir da conhecida indiferença de certos pesquisadores em relação às exigências legítimas da lógica". Charles Darwin (1809-1882), pesquisador inglês que provocou violentas disputas ideológicas, principalmente com seus livros *A origem das espécies por meio da seleção natural* [em inglês: Darwin, C. (1859). *The origin of species*. John Murray.] e *A origem do homem* [em inglês: Darwin, C. (1871). *The descent of man* (2 vols.). John Murray.].

92   C.G. Jung

pesada. Por que é pesada? Porque é sua propriedade ser pesada. Aqui chegamos ao fim de nossa compreensão. Estabelecemos o princípio incompreensível do peso universal, ou seja, um postulado transcendental. A causalidade nos leva a uma coisa em si que não podemos explicar, a uma causa de natureza transcendental. Sob esse ponto de vista, a categoria da causalidade deve ser compreendida como um indício *a priori* maravilhoso de causas de natureza transcendental, ou seja, de um mundo do invisível e incompreensível, de uma extensão da natureza material ao incalculável e insondável. Acredito não precisar acrescentar que esse tipo de entendimento lança uma nova luz sobre a teoria da coisa em si e nos permite vislumbrar de forma inimaginável a grande conformidade a um fim do universo animado.

185   Voltemos para a pergunta que levantamos anteriormente: o fim ideal da necessidade de causalidade possui realidade metafísica? Concluímos a partir das explicações acima que a existência de um fim foi demonstrada com razão suficiente. Se o caráter *a priori* da lei da causalidade possui um fim, ele tem também uma utilidade – mas, assim como o fim é transcendental, a utilidade também o será. O fim da causalidade nos aponta para muito além da nossa existência atual e justifica a bela esperança de um efeito infinito com sucesso infinito. Mas, seja como for, a causalidade possui um fim, portanto, também a ciência, a filosofia e a religião possuem uma utilidade, uma utilidade transcendental. Assim, todo o bando daqueles que difamam a satisfação da necessidade de causalidade como inútil está totalmente errado. Que ladrem! Podemos consolar-nos com a palavra de Goethe:

> E o grande barulho de seu latido
> Só prova que estamos a cavalgar!
> (Goethe, 1957, vol. 1, p. 337).

186   Não vem ao caso o fato de que o fim ainda não foi reconhecido por nós, que ainda é totalmente ideal. O pássaro, que, desde o ovo, foi criado na gaiola longe dos seus, quando, no outono, é tomado pelo desejo de migrar, pois o inverno virá em breve e ele morrerá miseravelmente de frio e de fome? A pulsão migratória não se conforma a um fim só porque seu fim não se revela à consciência? Nós, porém, deveríamos saber que o outono já chegou e que nosso bom instinto nos alerta aos terrores do inverno. Nietzsche diz maravilho-

As palestras da Zofíngia

93

samente: "Caiu sobre nós um dia de inverno, e vivemos no alto das montanhas, em perigo e necessidade. Breve é toda alegria; e pálido, todo brilho do sol que se arrasta até nós pelas montanhas brancas" (Nietzsche, 1906, p. 245s.).

Como um companheiro fiel, acompanha-nos a voz da necessidade de causalidade. Ela não nos confronta a cada pergunta, implorando e encorajando: Pergunte, sempre continue a perguntar, em algum lugar deve estar o destino! Ela não nos pede a interrompermos nossa caminhada e a levarmos a mão à testa: o que fui ontem, o que sou hoje, o que serei amanhã?[102] Qual é o destino que busco, qual é o destino que busca o cosmos? Para que serve o céu estrelado com os mundos incontáveis, que, num turbilhão, girando atravessam os milhões de anos? Por que não nos atentamos às silenciosas inquietações do gênio? Por que não estendemos a mão para as flores que não murcham, cujo perfume alivia cada dor? Permitimos sempre que o sucesso fugaz do momento nos cegue e temos hesitado embarcar na viagem que nos leva às névoas vagantes.

"Assombrações nos envolvem", diz Nietzsche (1906, p. 261), "cada instante da vida quer dizer-nos algo, mas não queremos ouvir a voz desse fantasma. Tememos que, quando estamos sozinhos e em silêncio, algo seja sussurrado em nosso ouvido, e assim odiamos o silêncio e nos entorpecemos com companhias".

Confiamos demais neste mundo, acreditamos inabalavelmente na felicidade do sucesso, embora os maiores dentre os homens, Cristo e os sábios de todas as eras, nos ensinem e provem o contrário. Rejeitamos qualquer anseio metafísico com as palavras de Schiller:

> Já sabes o que lá te espera? Que preço pagaste?
> Que pagas um bem incerto com a consciência?
> Acreditas ser forte o bastante para travar a mais dura das lutas,
> Quando razão e coração, intenção e pensamento se dividem?
> Tens coragem suficiente para lutar com a Hidra imortal da dúvida
> E confrontar o inimigo dentro de ti como um homem?
> (Schiller, [19--?], vol. 4, p. 170).

187

188

189

---

102. Apagado: "Para onde existe o mundo?"

190 Nós, porém, dizemos: quem nada ousa nada ganha. Aquele que baseia sua felicidade em relações externas, pode vivenciar a ruína de tudo de um dia para o outro. Tudo que é externo a nós pode mudar. Tudo que somos em relação a outros pode desaparecer. O que é um rei sem corte e terra? O que é um general sem soldados? O que é um dignitário sem pessoas que reconhecem suas honras? Tudo que é sucesso externo e que tem validade externa pode ruir e ruirá. Mas o que conquistamos internamente, isso ninguém pode tirar de nós, isso persiste e morre com nosso próprio ser. Podemos prender um Sócrates[103] numa prisão subterrânea, podemos cegá-lo, cortar sua língua: ainda assim ele é Sócrates, e a rica plenitude de seu espírito pertence a ele e permanece propriedade sua, ela é inalienável e não murcha enquanto Sócrates existe.

191 O instinto da causalidade como indício *a priori* de causas de natureza transcendental é religião. É aquele agente infinitamente delicado que alivia o ser humano de sua animalidade, que o eleva à ciência e filosofia e, a partir daí, o conduz à infinitude. Mas é instinto. Isso nos leva a uma nova contemplação, a um novo problema difícil. Trata-se da pergunta: Qual é a relação entre o instinto da causalidade e os outros instintos e de que deduzimos o direito de conceder primazia ao instinto da causalidade?

192 Até agora, temos defendido a satisfação da necessidade de causalidade a partir do ponto de vista da felicidade máxima. Visto, porém, como já demonstramos, que a felicidade sempre é apenas algo subjetivo, nossa demonstração é apenas um *argumentum ad hominem* [que se adequa à compreensão do ser humano]. Agora, devemos encontrar também um *argumentum ad rem* [objetivo].

193 Essa nova tarefa nos leva ao infinito campo de batalha das visões filosóficas do mundo do nosso século.

> Pela meia-luz entre auroras
> conduz a senda do homem para o campo dos mortos.
> Cansado da paciência e dos castigos das potências,
> ele se deita para dormir.

194 Assim canta Lucas Heland[104]. Uma meia-luz, um brilho fraco, uma luta entre dia e noite, essa é a vida humana. O ser humano

---

103. Sócrates (470-399 a.C.), filósofo moral em Atenas, adversário dos sofistas.

104. No romance *Lucas Heland* (Freiburg im Breisgau e Berlim, 1897), de Ernst Kilchren, pseudônimo de Carl Albrecht Bernoulli (1868-1937), teólogo e professor de História da Igreja, na Universidade de Basileia.

As palestras da Zofingia

pensante se vê consternado e confuso diante dos acontecimentos estranhos, inexplicáveis e inquietos de uma coisa que ele não criou, que não existe por sua causa, que persegue a si mesma em mil figuras, sem se importar com a existência de uma pessoa, que, em perplexidade filosófica, busca em vão inserir um sentido, "o ponto fixo na fuga dos fenômenos" (Schiller, [19--?], vol. 4, p. 168) nisso tudo. Logo acredita que tudo foi criado para a vida, que cada átomo busca a confirmação viva. Mas veja! Todo o esplendor das flores que o bondoso sol de primavera produziu, na noite seguinte, cai vítima de uma geada sorrateira e, de manhã, a vida florescente se vê derrubada e destruída em sua raiz. Então, ele acredita que tudo foi criado para, após uma breve existência, cair na eterna noite da morte. Mas veja! De cada morte brota vida nova e, com força inesgotável, irrompe sempre de novo a vida ardente. Portanto, ela é um fluxo eterno, um πάντα ῥεῖ[105], um incessante devir e perecer em uma plenitude que muda eternamente sem sentido nem propósito, cada onda de vida é mais risível do que a anterior, um carnaval louco apresentado pela natureza para a dor de cada ser humano pensante. Essa solução do enigma do mundo não é satisfatória, pois o ser humano exige a satisfação de sua necessidade de causalidade. O ser humano deseja saber: por quê? e para quê? Da mesma forma como exige um por quê e um para quê de suas próprias ações e das ações de seus próximos. O ser humano é um Prometeu, que rouba o relâmpago do céu para trazer luz para a densa escuridão do grande enigma[106]. Ele sabe que existe um sentido na natureza, que existe um mistério escondido no mundo cuja descoberta é a tarefa de sua vida.

Depois que o problema de Platão das ideias eternas caiu num sono encantado de dois mil anos, a filosofia inaugurou em mudan-

195

---

105. Pânta rhei = "tudo flui", erroneamente atribuído ao filósofo grego Heráclito (cerca de 544-483 a.C.). Base para isso é uma interpretação do Fragmento 12 dos *Fragmentos Cósmicos*, que diz que "aqueles que entram no mesmo rio sempre se deparam com águas diferentes", uma expressão para a mudança constante do cosmo e do ente; cf. também o relato do autor grego Plutarco (cerca de 46-120) que afirma que Heráclito teria dito que era impossível entrar duas vezes no mesmo rio. Cf. Snell, B. (org.) (1995). *Fragmente*. Artemis & Winkler.

106. Apagado: "E essa luz só pôde vir por meio da epistemologia, o fim de [...] incertos" (ilegível).

96 C.G. Jung

ças múltiplas a chegada do sábio de Königsberg, que, com mão ousada, arrancou o velho problema de seu sono mortal e o reapresentou o velho em forma nova aos olhos de um mundo surpreso. Kant levantou a pergunta pela "coisa em si".

196 Coisa em si é tudo aquilo que se esquiva de nossa contemplação, tudo do qual não temos uma representação concreta. Coisa em si é para nós, por exemplo, Rimatara. Ninguém de nós sabe o que é Rimatara. Mas, quando abrimos um léxico geográfico, descobrimos que Rimatara[107] é uma ilha de corais nos mares do Sul. Imediatamente, Rimatara, a coisa em si, passa a ser uma representação concreta. Imaginamos uma ilha com todos os atributos que estamos habituados a atribuir a uma ilha nos mares do Sul. Temos, portanto, uma ideia mais ou menos concreta de Rimatara, ou seja, transformamos o desconhecido em algo conhecido, diminuímos em um membro a região transcendental da coisa em si. A ciência natural faz isso em grande escala. Ela amplia o mundo da representação à custa do desconhecido, do não concreto, seja pela via da descoberta positiva, seja pela via da explicação. Em todas as questões em que ainda não conseguimos alcançar uma representação concreta de uma causa desconhecida, criamos um princípio, ou seja, postulamos a existência de uma coisa em si que ainda não pode ser explicada com nossos recursos. Compreendemos, portanto, que a ciência natural antiga conhecia muitos princípios que, para nós, já não são mais princípios, visto que já avançamos no conhecimento das relações causais. Antigamente, falava-se, por exemplo, do princípio da humidade, do calor, do frio, do aguado etc. Hoje, reconhecemos de onde provêm esses supostos princípios, ou seja, nós os explicamos por meio da descoberta de sequências causais mais elevadas. Mas, quando conhecemos as causas de um princípio, ele deixa de ser princípio, pois *principium* é o primeiro e inicial.

197 Os princípios da ciência natural moderna designam o limite alcançado pelo conhecimento das sequências causais ascendentes. Não existe razão que impedisse a suposição de conhecimento adicional, ou seja, a descoberta de sequências causais mais elevadas por meio de recursos aperfeiçoados. Todos aqueles, porém, que, já agora, proclamam triunfantes ao mundo que, no futuro próximo,

---

107. Na Polinésia Francesa.

As palestras da Zofingia   97

tudo será explicado, se lembrem deste princípio da epistemologia: a sequência de causa e efeito é, segundo o princípio da razão suficiente, infinita. No entanto, podemos ter a esperança de que, por meio da potencialização de nossos órgãos sensoriais e com quaisquer recursos, ultrapassaremos em muito o estado atual do conhecimento principal[108], mas precisamos sempre estar cientes de que nenhuma causa é a última, mas sempre é também efeito. A partir desse ponto de vista, podemos pensar um número infinito de mundos, que se comportam como círculos concêntricos e excêntricos. Evidentemente, esses mundos são de natureza totalmente subjetiva, de modo que, no fundo, cada sujeito possui o seu. A experiência, porém, nos mostra que os mundos dos indivíduos da mesma espécie são mais ou menos congruentes devido à semelhança de seus órgãos sensoriais. A ameba tem seu mundo especial, o verme tem o seu, e o mesmo vale para o mamífero e o ser humano. A relação desses mundos entre si depende da qualidade dos órgãos sensoriais. Em nosso caso, o mundo da ameba está contido *cum grano salis* no mundo do verme, ambos estão contidos no mundo dos mamíferos, e os três juntos estão contidos no mundo do ser humano. Cada mundo que corresponde a órgãos sensoriais mais diferenciados está para todos os outros que correspondem a órgãos sensoriais menos diferenciados como o mundo da coisa em si está para o mundo dos seres humanos. No fundo, isto é, em si, tudo que existe, até "a conhecida multidão, que, fluindo, se estende na névoa", existe no mesmo mundo, no ente insondável da causa final problemática. O mundo absoluto não se divide em duas regiões diferentes, na coisa em si de um lado e no fenômeno de outro. Tudo é um. Somente em relação a nós existe uma separação porque nossos órgãos sensoriais só conseguem perceber certas regiões do mundo absoluto.

Estou ciente de que desenvolvi aqui uma visão bastante nova da dedução da coisa em si. Mas parece-me que essa é a única compreensão correta e verdadeiramente católica do problema epistemológico. Contrariando o subjetivismo absoluto, vejo-me forçado a afirmar que os raios-X, antes de sua descoberta, eram tanto uma coisa em si como o são os objetos dos postulados da razão pura, de Deus, da liberdade e da imortalidade.

198

---

108. Apagado: "mas nunca alcançaremos um fim positivo".

199   A crítica kantiana não resolveu o problema da coisa em si, embora Kant, como filósofo positivo, tenha pressuposto a maioria dos *noumena*, sendo, portanto, fundamental para a dedução da coisa em si desenvolvida acima. O primeiro dos filósofos pós--kantianos que resgatou a utilidade do problema para a filosofia foi Schopenhauer. Como sabemos, ele interpretou a coisa em si como vontade cega. Como herdeiro espiritual de Schopenhauer, Eduard von Hartmann acatou a ideia da vontade, mas acrescentou o elemento da representação transcendental e interpretou a coisa em si como um querer e representar inconsciente. Hartmann e Schopenhauer são monistas, ou seja, eles compreendem o mundo como algo que surgiu de *uma* substância, de *uma* causa final problemática. Ambos, porém, são seres humanos, seres dotados de uma razão clara e causal e de sentimentos, portanto, são pessimistas e veem com visão aguda o dilaceramento do coração humano e ouvem com ouvido agudo a desarmonia na abertura da sinfonia de cada vida humana. Eles entenderam o significado profundo do sofrimento humano para a filosofia, eles não ignoraram com um olhar arrogante, como o fazem os otimistas que desejam retornar para a barbárie e a animalidade extrema, a dor indizível de todas as criaturas. Como cabe a toda filosofia verdadeira, eles atribuíram o lugar principal ao sofrimento. Schopenhauer o deduz primariamente da cegueira de sua vontade primordial, Hartmann o vê como razão de toda existência. Visto que o dualismo era uma coisa difamada desde os tempos pré-kantianos, Schopenhauer e Hartmann foram monistas. Mas seu coração humano se escandalizou contra isso, e assim tiveram que atribuir ao sofrimento na coisa em si uma razão transcendental. Por isso, a vontade de Schopenhauer é cega, pois ela criou um mundo repleto de sofrimento. Por isso, o inconsciente de Hartmann não é consciente, mas é infeliz desde os primórdios, pois imaginou a melhor existência possível, que é relativamente feliz em comparação com a infelicidade eterna. Mas, se nos colocarmos no lugar do dualismo, embora isso não agrade à nossa busca pela unidade, encontramos imediatamente uma razão altamente suficiente para o sofrimento do mundo. Se aceitarmos na filosofia apenas os fatos empíricos como fundamento de toda pesquisa especulativa, a visão dualista do mundo deixa de ser tão absurda.

As palestras da Zofingia 99

Nesse sentido, as pesquisas recentes da ciência natural nos 200
fornecem dados altamente valiosos. Mas antes de passarmos para
os mais recentes, fazemos bem em lembrar com grato reconhecimento as palavras de dois homens separados em tempo e espaço
de épocas passadas:

Jesus Sirac afirma: "Diante do mal está o bem e diante da 201
morte, a vida; assim também diante do justo está o pecador. Con-
templa, pois, todas as obras do Altíssimo: estão duas a duas, uma
diante da outra" (Eclo 33,15-16)[109].

Jakob Böhme diz: "Nenhuma coisa sem resistência se revela 202
a si mesma; visto que ela não possui nada que lhe resista, ela sempre sai de si mesma e não retorna para si mesma. Visto, porém,
que não retorna para si mesma, para aquilo do qual saiu originalmente, ela nada sabe de seu estado primordial"[110].

Aqui, devemos lembrar-nos também de Empédocles[111]. Ele 203
desenvolveu a teoria de que a pluralidade da figuração resulta da
enantiologia, do conflito entre νεικος [briga] e φιλία [amor] dos
elementos.

Quando nos comportamos em relação à natureza de modo 204
puramente perceptivo, impõe-se o pensamento de que, em algum
lugar nas profundezas da natureza, esconde-se algo incrivelmente
estúpido, algo que busca constantemente reprimir toda atividade
interdependente, paralisar toda atividade. Seja a força que, estúpida e igual a um filisteu, obriga a pedra, que, alegremente ciente
de sua força, voa pelo ar, a descer do reino do ar, seja a ambição in-
vejosa da árvore alta que tenta roubar de seus companheiros mais
fracos a luz alimentadora do sol, seja a doença que, persistente, se
arrasta por gerações de vidas florescentes e busca a destruição, seja
a infinita estupidez da matéria que resiste a qualquer impulso, mas
que, quando impulsionada, se agarra a ele até o absurdo.

---

109. Jesus Ben Sirac (ca.190 a.C.) costuma ser visto como autor do livro *Liber Ecclesiasticus*, um livro apócrifo do Antigo Testamento.

110. Jakob Böhme (1575-1624), místico e filósofo alemão, cujo sistema tem como fundamento a tese do dualismo de Deus e da necessidade do mal. Jung cita Böhme frequentemente em seus escritos tardios, aqui: Böhme, J. *Theosophia oder Die hochteure Porte von göttlicher Beschaulichkeit* [1924?]). In G. Wehr (org.) (1975). *Christosophia. Ein christlicher Einweihungsweg* (p. 180). Aurum.

111. Empédocles (cerca de 490-430 a.C.), filósofo grego.

205   Durante a contemplação objetiva da natureza, não se impõe o pensamento: não buscam aqui duas potências totalmente diferentes em luta raivosa o domínio? Uma sempre procura nivelar tudo, alisar e aplainar tudo, acalmar, reprimir toda atividade, todo movimento, destruir toda beleza, silenciar e matar tudo? A outra sempre busca dar cor e vida a tudo, dar movimento em todas as direções, libertar a matéria do abraço sufocante da matéria, criar forma e figura em abundância infinita?

206   A impressão da ambição antagônica na natureza é tão impressionante que ela foi acatada até pela ciência sob o véu de um princípio biológico, a luta pela existência.

207   Quando analisamos a causa desse antagonismo, dependemos em primeira linha da física. A física geral, que inclui também a fisiologia, reduz todos os fenômenos naturais a certos princípios, isto é, a causas finais subjetivas, cuja essência ainda desconhecemos. Esperamos, portanto, encontrar na ciência todas aquelas forças fundamentais que fornecem uma explicação suficiente do antagonismo.

208   Limitemo-nos por ora à natureza anorgânica. Os princípios de todos os fenômenos anorgânicos são gravitação, coesão, adesão, capilaridade, capacidade de absorção, elasticidade, afinidade, inércia, magnetismo, eletricidade, calor, luz e movimento. Todas essas forças ainda ocupam a posição de princípios, pois a explicação da luz por meio da frequência do éter não tem um significado especial enquanto uma explicação especial, uma representação perceptiva do éter, não é possível. Quando contemplamos esse grupo de princípios, percebemos imediatamente que ele se divide em duas partes separadas mais ou menos de forma nítida. Primeiramente em uma parte que é inerente *a priori* à matéria[112] e, em segundo lugar, em uma parte que entra numa relação com a matéria apenas *a posteriori*. Ao primeiro pertencem incondicionalmente a gravidade e a inércia, de modo condicional, a coesão, a adesão, a capilaridade, a elasticidade, a absorção e a afinidade. A estes pertencem de modo incondicional a luz, o calor, a eletricidade, o movimento e, de modo condicional, o magnetismo. Caracterizemos

---

112. Apagado: "de modo que esteja presente *eo ipso*".

As palestras da Zofingia   101

brevemente o primeiro grupo: como forças fundamentais absolutas, elas não se submetem à lei da preservação da energia, pois não são formas de transformação da energia, mas apenas a condição graças à qual surgem a tensão e o relaxamento para a possibilidade e para o fenômeno. Portanto, comportam-se negativamente em relação ao segundo grupo. Somente a afinidade ocupa uma posição intermediária curiosa. O que lhes é comum é um elemento de atração, o que se percebe extensivamente sobretudo na gravidade, coesão, adesão, capilaridade, absorção e, de modo intensivo, na afinidade e inércia. A natureza de toda atração é a tendência de buscar, para cada ponto material, o melhor estado de repouso e de mantê-lo nesse estado. A característica desse grupo é, portanto, a busca da passividade.

Caracterizemos agora o segundo grupo: o modo de ação das   209
formas de energia da luz, do calor, da eletricidade, do eletromagnetismo e do movimento é expresso pela lei da conservação de energia. As forças desse grupo não são inerentes à matéria *a priori*, pois um corpo não é *eo ipso* [por si mesmo] quente ou luminoso ou elétrico etc., da mesma forma em que é *eo ipso* pesado e inerte. As forças desse grupo só podem agir com a ajuda das forças do primeiro grupo. Movimento, por exemplo, só é possível se um corpo é inerte. A energia da posição só é possível se há gravidade, o rompimento da tensão química exige a presença de afinidade. Façamos com que as forças do segundo grupo ajam sobre as forças do primeiro: o impulso para o movimento supera a inércia, caso contrário, ele retorna para si mesmo na forma de calor. O calor supera a coesão; a eletricidade, a afinidade química. Algumas das forças de ambos os grupos entram numa curiosa relação de dependência mútua, por exemplo, calor e afinidade. É muito provável que, no zero absoluto de -273°, a afinidade deixe de existir.

O magnetismo ocupa uma posição intermediária, que pode   210
ser explicada de forma semelhante à da afinidade, por meio de uma relação de dependência mútua, talvez entre eletromagnetismo e inércia. No que diz respeito à elasticidade, preciso confessar que ainda não consegui estabelecer uma dedução satisfatória. Talvez ela deva ser vista como uma inércia invertida, representando a rejeição positiva do impulso, a inércia sendo a negativa.

102 C.G. Jung

211 Podemos designar como elemento comum a esse grupo a busca por uma mudança extensiva e intensiva do estado, ou seja, uma busca de atividade constante. Vale lembrar nesta ocasião também a teoria física dessas forças. Luz, calor e eletricidade são explicados com a ajuda da frequência do éter. Uma qualidade absolutamente necessária do éter é a repulsão ilimitada, ou seja, a busca de mudança ilimitada do estado. Eduard von Harmann parte dessa ideia quando afirma: existem dois elementos de força, os primeiros se repulsam eternamente, os outros se atraem eternamente. Portanto, chegamos, em essência, ao mesmo resultado de Hartmann, só que nós partimos da percepção, enquanto Hartmann partiu da teoria. E também Zöllner, ao contemplar as qualidades da matéria, chega a supor forças antagônicas, a existência simultânea de forças de atração e repulsão, ou seja, um dualismo fundamentado profundamente na natureza dinâmica.

212 Também Kant, em *História natural universal e teoria dos céus*: "Não apliquei", afirma ele, "outras forças senão a força de atração e de repulsão para o desenvolvimento da grande ordem da natureza, duas forças que, ambas, são igualmente *certas*, igualmente simples e, ao mesmo tempo, igualmente *primordiais* e *universais*" (Kant, 1960, vol. 1, p. 243, grifos de Jung).

213 Façamos um breve resumo daquilo que, até agora, explicamos a respeito dos princípios físicos.

214 O elemento essencial de gravidade, coesão, adesão, capilaridade, absorção[113], inércia, afinidade e elasticidade é a busca positiva de repouso absoluto ou indiferentismo.

215 O elemento mais essencial de movimento, luz, calor, eletricidade é a busca positiva de transformação ilimitada, de atividade eterna. Expressão de sua atividade imortal é a lei da conservação de energia.

216 Imaginemos um mundo que ainda não está dotado de forças ativas. Tal mundo é fadado a ficar pendurado "como uma bola feia" no espaço escuro, calmo, morto e rígido, totalmente sem mo-

---

113. Nas passagens anteriores e posteriores, Jung substituiu no manuscrito o termo "ressorção" por "absorção", mas não neste ponto. O editor fez a substituição aqui.

As palestras da Zofingia   103

vimento nem transformação. Diante dessa imagem, quem não se lembraria da palavra em Gn 1,2: "A Terra estava deserta e vazia, as trevas cobriam a profundeza". Como a Terra pôde receber a vida, se ela não foi equipada como uma noiva pelas forças do ativo?

E Deus disse: "Faça-se a luz!"[114] [Gn 1,3]. Quando um ato criativo incandesceu o caos sombrio, iniciou-se a salvação do mundo, antes mesmo de um ser orgânico perceber a bondade da luz toda-misericordiosa[115]. A força ativa do calor precisou primeiro dissolver o estado sólido da matéria, precisou separar o líquido do sólido e o gasoso do líquido. Precisou libertar a matéria da pressão indizível, e, quando isso ocorreu, a matéria entrou em movimento. O líquido emergiu e se derramou sobre a superfície dos astros. Os gases efervescentes surgiram das rochas e dos elementos em dissolução. O parentesco despertou ardente. Os elementos começaram a amar e a odiar, e da contradição nasceu a pluralidade.

217

Não temos aqui o antagonismo na forma mais primitiva, mas mais poderosa? Aqui estão as raízes do dualismo. Aqui estamos na fonte; aqui, na natureza anorgânica, encontramos as forças contrárias que tentam se superar umas às outras. Aqui está o lugar em que começa a luta que os filósofos chamam de sofrimento do mundo. Essa primeira e mais fundamental oposição entre vivo e morto, entre ativo e passivo, é o poderoso acorde em modo menor com o qual se inicia o cântico do mundo. É essa a oposição que, a partir de dois elementos contrários, forma o terceiro, e o quarto, e o décimo, e o centésimo, e o milésimo.

218

"Vemos assim", diz Hartmann, "a divisão em um *dualismo polar* como o princípio que gera o mundo material" (Hartmann, 1886, parte 2, p. 105).

219

Essa oposição dinâmica deve ser o fundamento real e empírico para todas as especulações sobre a natureza do mundo se não quisermos cair em absurdos infrutíferos. De modo verdadeiramente clássico, Wundt (1766, p. 6) também expressa esse dualismo em seus dois primeiros axiomas da física: "1) Todas as causas na natureza são causas de movimento. 2) Toda causa de movimento é externa ao movido".

220

---

114. Apagado: "E a luz se fez".

115. Apagado: "Quando o sol inundou a Terra escura pela primeira vez com luz".

104   C.G. Jung

Portanto, também Wundt se sente obrigado a postular algo que repousa e algo que se movimenta como os primeiros princípios de toda formação do mundo, algo que repousa de modo *a priori* e algo que se movimenta de modo *a priori*.

221   Nem Schelling consegue evitar o dualismo fundamental que subjaz a toda natureza. Ele afirma: "Se o absoluto pretende manifestar-se a si mesmo, ele precisa se manifestar, segundo seu objetivo, como dependente de algo diferente, de algo estranho"[116].

222   E o que diz o tão desprezado Jakob Böhme? "Nenhuma coisa sem repulsão pode se revelar a si mesma".

223   Agora que demonstramos as raízes do dualismo nos princípios da física, falta ainda provar um dualismo para a natureza orgânica. Já podemos afirmar de modo *a priori* com certeza apodítica que encontraremos um dualismo no corpo orgânico, o mesmo dualismo que acabamos de demonstrar, o que podemos entender facilmente, visto que o corpo orgânico é o produto de X com as forças materiais da natureza anorgânica. O conflito fundamental da natureza material será também a condição no corpo orgânico para o surgimento do curioso fenômeno do sofrimento humano. Indubitavelmente, a vida designa o fenômeno da mais alta atividade. O organismo receberá uma pulsão ardente a despeito dos ataques raivosos de todas as leis naturais. Durante anos, ele supera todas as resistências, todos os obstáculos, com os quais as leis da matéria o confrontam: gravidade, inércia, afinidade etc. Hartmann diz: "[...] na planta como no animal, toda a vida é uma soma infinita de inúmeros atos da força de cura da natureza, pois a cada momento as influências físicas e químicas destruidoras precisam ser paralisadas e superadas" (Hartmann, 1886, parte 2, p. 74). O organismo é simplesmente um milagre, pois se eleva acima de todas as leis da física quase absolutamente certas. É natural que ele faça jus também a leis físicas, pois consiste em matéria. No entanto, isso não é razão suficiente para negar a existência de um princípio vital, e é sinal de grande falta de clareza contemplar a vida como uma formação física complicada. O organismo se encontra numa luta constante com o ambiente, este é o

---

116. Sobre Schelling, cf. a anotação ao § 182. A citação não pôde ser identificada.

dualismo extremo do fenômeno orgânico. Darwin o reconheceu corretamente e lhe concedeu a dignidade de um princípio biológico, a cuja eficácia ele reduz, em grande parte, a diferenciação. Em cada ser autoconsciente, o dualismo é duplo. Cada sujeito ciente possui uma percepção externa e uma percepção interna de si mesmo, uma ideia schopenhaueriana que, em seu livro *Lehrbuch der physiologischen Chemie* [Manual da química fisiológica], Runge[117] esmiuça. Segundo a percepção dupla, a imagem do dualismo também será dupla. Em primeiro lugar, a representação da luta externa pela existência e, em segundo lugar, o reflexo interior desta como sentimento da divisão anímica.

> Duas almas, ai! residem em meu peito,
> uma quer separar-se da outra;
> uma se agarra em rude desejo de amor,
> ao mundo com as garras dos órgãos;
> a outra se eleva forçosamente acima do pó
> aos campos dos nobres ancestrais (Goethe, *Fausto I*, versos 1.112-1.117).

---

117. Friedlieb Ferndinand Runge (1795-1867), químico alemão em Breslau e Berlim, cujas pesquisas incluíram a descoberta da cafeína e da atropina. Sua obra principal: Runge, F.F. (1834-1850). *Farbenchemie* (3 vols.). Mittler.

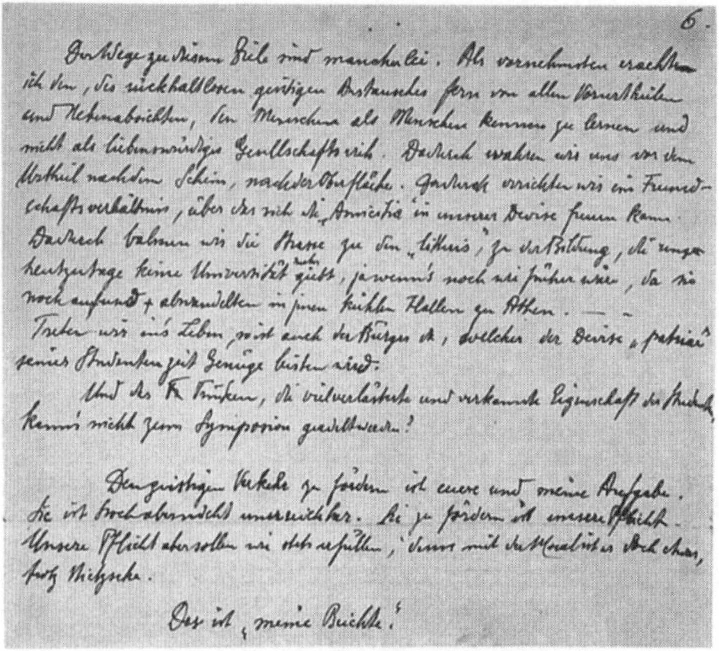

6.

Der Wege zu diesem Ziele sind mancherlei. Als vornehmsten erachte ich den, des rückhaltlosen geistigen Austausches fern von allen Vorurtheilen und Nebenabsichten, den Menschen als Menschen kennen zu lernen und nicht als liebenswürdiges Gesellschaftsvieh. Dadurch wahren wir uns vor dem Urtheil nach dem Schein, nach der Oberfläche. Dadurch errichten wir ein Freundschaftsverhältnis, über das sich die „Amicitia" in unserer Devise freuen kann. Dadurch bahnen wir die Strasse zu den „litteris", zu der Bildung, die uns heutzutage keine Universität mehr giebt, ja wenn's noch wie früher wäre, da sie noch auf und abwandelten in jenen kühlen Hallen zu Athen. —

Treten wir ins Leben, so ist auch der Bürger da, welcher der Devise „patriae" seiner Studentenzeit Genüge bieten wird.

Und das Trinken, die vielverlästerte und verkannte Eigenschaft des Studenten, kann's nicht zum Symposion gewandelt werden?

Den geistigen Verkehr zu fördern ist eure und meine Aufgabe. Sie ist doch aber nicht unerreichbar. Sie zu fördern ist unsere Pflicht. Unsere Pflicht aber sollen wir stets erfüllen, „denn mit der Moralität ist doch etwas", trotz Nietzsche.

Das ist „meine Beichte".

Imagem 1 – Últimas linhas do discurso inaugural como presidente da Zofingia

Imagem 2 – Jung, por volta de 1896, nas cores de sua fraternidade

Imagem 3 – Membros da seção de Basileia da fraternidade Zofingia.
Jung, sentado, terceiro da esquerda
(Foto: com permissão da comunidade dos herdeiros de Jung)

Imagem 4 – O restaurante em Basileia chamado "Breo", local de
reunião da fraternidade Zofingia, no início da década de 1890
(Foto: Arquivo estatal do cantão Basileia-Cidade, Neg. B 1002)

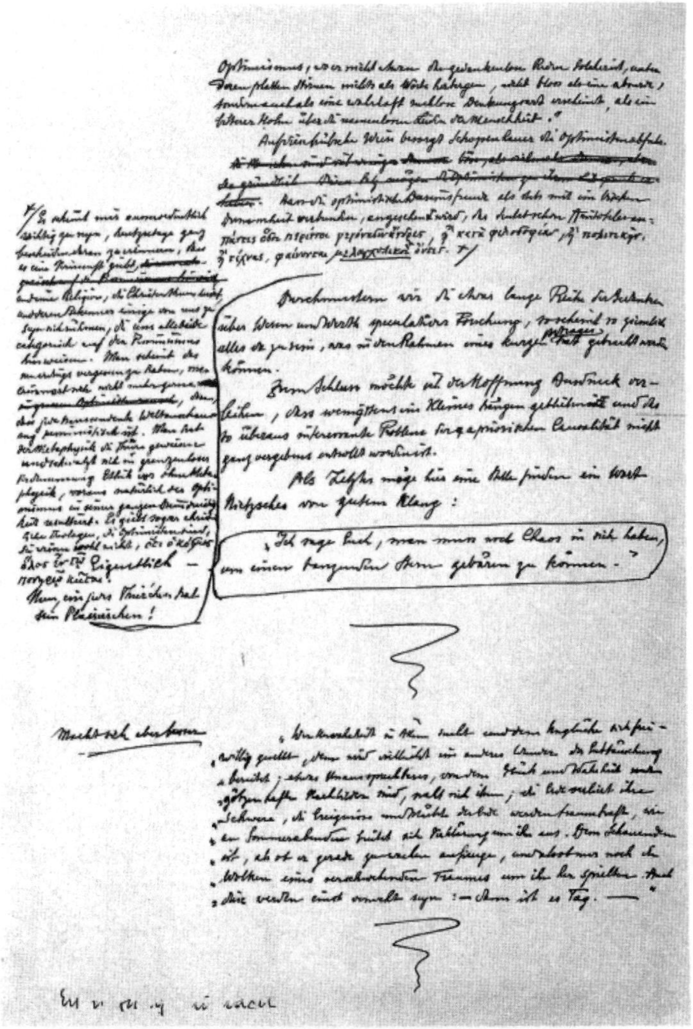

Imagem 5 – Os sete últimos parágrafos da conferência
"Reflexões sobre a essência e o valor da pesquisa especulativa"
(Foto do manuscrito, com permissão da comunidade dos herdeiros de Jung)

110 C.G. Jung

224   O dualismo interno é a continuação direta do dualismo anorgânico. Visto que a vida é a mais alta atividade que conhecemos, tudo que é menos ativo do que ela se colocará em seu caminho como obstáculo, por exemplo, todo o ambiente externo, no sentido de que ele impede a livre-eficácia do organismo. Cada relação com o ambiente é impedimento, uma vez que nosso ambiente é material e busca o maior repouso possível. Cada relação com o interior, ou seja, em direção à maior atividade, é incentivadora, já que toda atividade se desdobra em liberdade maior quanto mais se afasta da passividade impedidora. O instinto da causalidade nos conduz de modo *a priori* de toda externalidade à interioridade das causas transcendentais. Portanto, ele nos afasta constantemente da passividade e nos aproxima da atividade como nossa natureza própria e primordial, que nada tem em comum e nada deve ter em comum com a estupidez e inércia das massas materiais.

225   Do dualismo profundamente fundamentado na natureza, deduzimos o direito de dar prioridade ao instinto da causalidade diante de todos os outros instintos, pois ele é o único que aponta para a raiz verdadeira de nossa natureza, para a atividade incondicional. A contemplação plena da natureza nos fornece a razão objetiva para a afirmação incondicional do instinto da causalidade. Temos aqui também a razão objetiva para a manifestação subjetiva da maior felicidade na satisfação da necessidade do instinto da causalidade. Todo ser humano só se sente bem e está feliz quando encontra seus pares. Quanto mais nos aproximamos da raiz de nossa natureza, mais pura e duradoura se torna a felicidade.

226   Agora que demonstramos o momento teleológico na categoria da causalidade e a legitimidade ética universal da pesquisa especulativa, só nos resta descrever sucintamente as consequências da afirmação do instinto da causalidade.

227   Uma das primeiras consequências será a negação da secularização dos interesses, ou seja, o ponto de gravidade de todos os interesses se deslocará do mundo material para o mundo transcendental, devido ao reconhecimento de que, em relação à definição de nossa natureza, o relacionamento com toda materialidade não se conforma a um fim. Negaremos da vontade da existência material como algo que não se conforma ao fim do desenvolvimento da atividade. No entanto, afirmaremos a vontade de personalidade, individualidade como máxima diferenciação em relação a todo o resto, visto que a diferenciação máxima da atividade corresponde

As palestras da Zofingia   111

à nossa natureza; portanto, a vontade de diferenciação se conforma ao fim. A legitimidade do suicídio, que Schopenhauer tenta negar por meio de um sofisma muito delicado, como expressão mais certa e mais completa da negação da vontade, é rejeitada pelo reconhecimento muito simples de que, sem oposição, é impossível criar diferenciação, isto é, o sofrimento dualista é absolutamente necessário para a formação de uma personalidade diferente.

O humor básico da visão dualista do mundo, o pessimismo   228
imanente, se deve ao reconhecimento doloroso, mas verdadeiro, de que as nossas ações e as dos nossos próximos em grande parte não se conformam ao fim em relação ao destino metafísico do ser humano e que, no que diz respeito ao estado atual do mundo dos fenômenos, "a vida", como diz Schopenhauer, "nada mais é do que sofrimento"[118].

Toda filosofia verdadeira, toda religião verdadeira se reveste   229
em pessimismo como única visão correta do mundo que condiz ao ser humano ciente de sua nulidade. O fato de que certas pessoas de resto respeitadas se gabam de serem otimistas e difamam todo pessimismo como insalubre, e até chegam a explicar o pessimismo de Lord Byron com seu pé-torto e o de Schopenhauer com a sífilis adquirida em Veneza, se deve ao fato de que elas nunca refletiram sobre o que é otimismo, de que nunca enfiaram o nariz nas obras de Schopenhauer. Elas encontrariam passagens como:

> "Se se conduzisse o mais obstinado otimista pelos hospitais, enfermarias, câmaras de tormento cirúrgicas, prisões, câmaras de tortura e senzalas, pelos campos de batalha e praças de execução, e depois por todas as moradas sombrias onde a miséria se esconde do olhar frio do curioso; se, ao fim, lhe fosse permitida uma mirada na torre da fome de Ungolino[119], ele certamente também veria de que tipo é este *meilleur des mondes possibles*" (Schopenhauer, 1816, p. 430).

---

118. Schopenhauer (1816), citação não pôde ser encontrada, cf., porém, vol. 1, sobretudo os § 56-59 e § 69, como também o capítulo "Von der Nichtigkeit und dem Leiden des Lebens" (vol. 2, p. 1.374-1.393).

119. Ugolino dela Gherardesca (falecido em 1209) se aliou secretamente ao partido dos guelfos inimigos e acabou sendo preso juntamente com seus três filhos e dois netos pelos gibelinos, que os jogaram na torre, onde morreram de fome. O poeta italiano Dante Alighieri (1265-1321) descreveu seu triste destino no canto 33 do "Inferno" de sua *Divina Commedia*.

230 E, mais adiante, continua: "Não posso me deter da explicação de que o otimismo, quando ele não é a fala impensada daqueles que, por trás de suas testas chatas, nada abrigam além de palavras, não só como um raciocínio absurdo, mas verdadeiramente cruel, é uma zombaria amarga do sofrimento anônimo da humanidade" (Schopenhauer, 1816, p. 432).

231 Com essa delicadeza Schopenhauer refuta os otimistas[120]. Aristóteles já dá a entender que a alegria otimista de existir sempre é vista como aliada a um pouco de estupidez: "[...] todos aqueles que se destacaram na filosofia ou política, na poesia ou nas artes, têm, sem dúvida, um temperamento melancólico"[121].

232 Parece-me de importância extraordinária lembrar humildemente nos dias de hoje que existem uma razão[122] e uma religião chamada cristianismo, que alguns de nós confessam, e ambas apontam categoricamente para o pessimismo. Parece que as pessoas têm se esquecido disso recentemente, elas[123] não gostam de se lembrar de que cada visão transcendente do mundo é pessimista. Expulsaram a metafísica e falam em estupidez ilimitada de uma ética sem metafísica, da qual resulta, é claro, o otimismo em toda a sua estúpida audácia. Existem até teólogos cristãos que são otimistas. Eles parecem não saber que todo o cosmo está indo de mal a pior. Bem, cada animalzinho tem seu prazerzinho!

233 Revendo a longa sequência de pensamentos sobre a natureza e o valor da pesquisa especulativa, tudo parece estar presente que pôde ser inserido no contexto de uma curta palestra.

234 Para encerrar, quero expressar a esperança de que algo pouco tenha grudado na memória dos ouvintes e que o problema da causalidade não tenha sido desdobrado totalmente em vão.

---

120. Apagado: "As pessoas não são más, mas estúpidas, e o são de forma fundamental. Que os otimistas escolham essa sentença como lema".

121. Aristóteles (cerca de 384-322 a.C.), em *Problemata*, livro XXX, 953a.

122. Apagado: "que nos aponta categoricamente para o pessimismo".

123. Apagado: "após demasiada embriaguez otimista".

As palestras da Zofingia 113

Por fim, encerro com uma palavra de Nietzsche (1874, vol. 7, 235
p. 19), que soa tão bem: "Digo-lhes, é preciso ainda ter caos dentro de si para conseguir parir uma estrela dançante".

Melhor, porém, é: "Quem [...] busca inverdade em tudo e 236
voluntariamente se alia à infelicidade talvez se depare com outro
milagre da decepção: algo indizível, do qual a felicidade e a verdade só são imagens noturnas idólatras, se aproxima dele, a Terra
perde sua gravidade, os eventos e as potências da Terra se tornam
oníricas, como em noites de verão espalha-se transfiguração ao
redor dele. Ao contemplador parece que somente agora ele está
despertando e que agora só brincam ao redor dele as nuvens de
um sonho desvanecente. Também estas serão levadas pelo vento –
então será dia" (Nietzsche, 1874, vol. 2, p. 256).

V
Reflexões sobre a concepção do cristianismo com referência à teoria de Albrecht Ritschl
(janeiro de 1899)[124]

5.1 Praefatio auditori benevolo[125]

237   O ouvinte se surpreenderá bastante diante do fato de um estudante de medicina abandonar seu ofício nos semestres clínicos para falar de objetos teológicos. Várias reflexões poderiam me convencer a desistir desse passo: sei que não parto para colher louros, mas que corro o risco de ser restringido com o grito escandalizado: "Sapateiro, faça sapatos!"

238   Sei que minha intimidade com os objetos da teologia não basta para permitir que eu julgue com a certeza de um fundamento amplo. Sei que os teólogos não terão dificuldade de me acusar de conclusões e juízos antecipados. Eles vivem nos conceitos e representações de sua ciência e reconhecerão as deficiências no equipamento do invasor com a mesma rapidez com que um médico reconhecerá num usurpador os danos inevitáveis em assuntos da ciência natural. Se os teólogos quiserem conhecer a sensação de insegurança que me domina, eu os convido amigavelmente a nos visitarem e testarem nosso piso de tacos.

239   No entanto, é o *equívoco* que me leva a dar esse passo para o incerto, equívoco este que odeio e temo como uma vida na inutilidade. Desejo banir o equívoco e criar clareza em mim e nos outros. Sou determinado também pela *justiça*, pelo desejo de não ser injusto com ninguém, de ouvir e pesquisar primeiro para então julgar.

---

124. Para as anotações de Jung sobre texto e literatura, cf. a seção após o § 291.

125. "Prefácio para o ouvinte benevolente!".

As palestras da Zofingia   115

A razão última e mais nobre que me leva a abandonar o terreno   240
seguro é a *verdade*. Aquela verdade que, desde os primórdios, se
encontra confinada no brilho do olho infantil com o olhar desatencioso e alheio ao mundo, no ímpeto selvagem e na brasa ardente, nesta vida miserável sob o céu girante de astros passageiros,
e no olho imóvel do moribundo com o olhar desatencioso e alheio
ao mundo.

A verdade me obriga a largar o arado antes do meio-dia e a   241
labuta no campo da profissão e a encorajá-los a levantar o olhar
do trabalho e voltá-lo para a tarde, onde o sol, como de costume,
encerrará o dia ao qual damos o nome.

Como leigo ignorante adentro hesitante o Santo dos Santos   242
de uma ciência estranha, submetendo-me ao risco de ser expulso
rudemente. Mas, como ser humano, espero hospitalidade também
do adversário.

5.2 Reflexões sobre a concepção do cristianismo com referência à teoria de Albrecht Ritschl

> Basta uma centelha do fogo da justiça, caída na alma de
> um erudito, para queimar e consumir de modo purifi-
> cador sua vida e ambição, para que perca toda a paz e
> para sempre seja expulso da atmosfera morna ou gélida
> em que os eruditos comuns exercem seu ofício.
>
> (Nietzsche, 1874, vol. 2, p. 284)

Se olharmos para trás, ao longo dos séculos, vemos, inseridos   243
na história do desenvolvimento e do acaso de poderes seculares,
um número igual de pontos luminosos, figuras curiosas que parecem pertencer a outra ordem das coisas, seres estranhos e quase
sobrenaturais, que só se vinculam às suas condições históricas na
medida necessária para serem compreendidos, mas que, em essência, representam um novo gênero do ser humano. Não é o mundo
que os gera, eles criam um mundo, um novo céu e uma nova terra.
Seus valores são outros, suas verdades são novas, e eles sabem que
são necessários e esperados, que são esperados há tempo, que a sequência causal do desenvolvimento histórico do mundo arou para
eles, e só para eles, o campo e o preparou para a semeia ou ama-

dureceu para eles os campos para a ceifa. Eles vêm para o mundo como algo que pertence a eles e veem encarnado em si o propósito de infinitos atos preparatórios. Sabem que eles pairaram sobre o trabalho de muitos séculos como seu sentido e objetivo e agora se tornaram a representação física desse objetivo. Eles se identificam com a ideia que trazem e vivem essa ideia com o sentimento da permanência eterna e da intocabilidade por parte da interpretação humana. Eles são sua própria ideia, desprendidos, absolutos dos espíritos de seu tempo, intocáveis pela análise histórica, pois percebem os produtos históricos não como condição de seu sujeito, mas como o objeto de sua atividade e conexão com o mundo. Eles não nasceram do fundamento histórico, mas sabem que estão livres de toda condição em seu ser mais íntimo e só vieram para construir o edifício de suas ideias sobre o fundamento histórico.

244 Um deles foi Jesus, o Nazareno. Ele sabia disso e não hesitou em proclamar isso ao mundo em alta voz.

245 Desde sempre a humanidade careceu de padrões para avaliar grandezas espirituais. Séculos debateram se Cristo era Deus, um deus-homem ou um ser humano. A Idade Média via como absolutamente certos todos os relatos do Novo Testamento sobre a pessoa de Cristo. Um Deus é uma *qualitas oculta* [uma qualidade oculta], um deus-homem o é ainda muito mais, o ser humano é incomensurável com Cristo. Portanto, Cristo era um deus-homem ou Deus, uma qualidade que não pode ser explicada.

246 Com o desenvolvimento da filosofia moderna após a era do Renascimento, a situação mudou. Aos poucos, a epistemologia como problema fundamental de toda filosofia formou um conceito necessário para operações racionais gerais, o conceito do ser humano padrão. Não que fosse uma grandeza publicamente aceita, mas é uma coisa gerada pela convenção tácita, que existe por toda parte e em lugar nenhum e em relação à qual todos os resultados da epistemologia são pensados. Assim como esconderam um metro normal em um porão de Paris, que serve como padrão para todos os outros instrumentos de medição, existe também nas cabeças dos pensadores científicos em um lugar inidentificável o ser humano padrão, que serve como padrão para todos os resultados científico-filosóficos.

As palestras da Zofíngia 117

A Era Moderna não reconhece mais como absolutamente   247
certos os relatos do Novo Testamento, mas apenas como relativamente certos. Com esse juízo, a crítica científica se apodera da
pessoa de Cristo, corta um pouco aqui, um pouco ali e começa a
compará-lo com o ser humano padrão, por ora tacitamente, por
ora aberta e violentamente com ingenuidade brutal. Destilado e
refinado por todos os desejos e todas as artes de um laboratório
crítico, surge do outro lado a figura histórica de Cristo. O homem
com a retorta científica não se preocupa mais com o corpo adaptado ao ser humano padronizado e patenteado internacionalmente
e o entrega ao mundo, para que cada um decida se deseja saudar
esse Cristo como Deus ou deus-homem ou como ser humano.

Dizem que a variedade germânica da espécie *homo sapiens*   248
possui sentimento e emoção especialmente profundos. Esse juízo
pode se aplicar ao povo em geral. Em todo caso, é preciso excluir o
grande estudioso famoso ainda em vida. É surpreendente a falta de
sentimento com que uma verdade, uma descoberta científica é percebida. Como Kant, para o qual Deus enquanto coisa em si era "apenas um conceito limite negativo", ainda pôde ter religião, como Ele,
enquanto coisa em si incognoscível, pôde existir no triste deserto do
"conceito limite negativo"? Como pode Wundt se entusiasmar com
uma determinação moral do mundo, se não existe nada que pudesse
alcançá-la ou desfrutar dela? Como pode Hartmann[126] identificar
alguma necessidade de ação moral no inconsciente correto e impiedoso? E, por fim, como pode Albrecht Ritschl[127] ser cristão convicto
se seu Deus é obrigado a obedecer à hierarquia histórica quando
deseja fazer algum bem ao ser humano?

---

126. Para Immanuel Kant, Wilhelm Wundt e Eduard von Hartmann, cf. § 18,
108 e 167 com anotações.

127. Albrecht Ritschl (1822-1889), teólogo alemão evangélico de grande influência, se voltou contra qualquer elemento místico na religião e qualquer
afirmação metafísica e se limitou a juízos de valores. Entre outras obras, escreveu Ritschl, A. (1870-1874). *Die christliche Lehre von der Rechtfertigung und
Versöhnung* (3 vols.). Marcus.; *Physiologie der Moral* (editora e ano de publicação não puderam ser identificados); e Ritschl, A. (1881). *Theologie und
Metaphysik*. Marcus, que é idêntico com o livro *Metaphysik und Religion*,
mencionado por Jung em "Referências", no final desta palestra, como comprovam as citações. *Theologie und Metaphysik* é um panfleto em que Ritschl
se pergunta "que tipo de metafísica é legítimo na teologia" (p. 18) e com o
qual ele ataca Christoph Ernst Luthardt, que, como outros teólogos, tinha se
atrevido a questionar as concepções de Ritschl. Cf. também o § 138.

249   É preciso uma incrível falta de emoção para não se comover no fundo da alma com tais descobertas. Provavelmente, esses estudiosos não dispõem do tempo e trabalham demais para sentir pessoalmente o peso de suas descobertas em todos os seus baixos e altos e vivenciá-los com todo o temor e tremor. E quem não vive sua própria verdade ignora suas consequências: a maioria das contradições só pode ser vivenciada em suas consequências. Por isso, não precisamos ir muito longe para nos depararmos com algum absurdo, com alguma aleatoriedade ou algum erro lógico.

250   Sempre devemos nos lembrar dessa falta de emoção típica dos grandes homens reconhecidos quando queremos conversar sobre o cristianismo de Ritschl[128].

251   Indisputavelmente, a concepção mais significativa e mais diferente de todas as concepções modernas de Cristo e de seus ensinamentos é a de Ritschl. Devo confessar que me surpreendi com a quantidade de conteúdo filosófico que encontrei ao estudar seus escritos. De acordo com o que nossos senhores teólogos dizem sobre Ritschl, eu não poderia ter esperado nada além daquilo que os teólogos descrevem como a "simples pregação da personalidade de Cristo". Mas o que não podemos dizer sobre a teoria de Ritschl é que ela é simples e compreensível! Uma epistemologia extremamente perniciosa, que, de modo verdadeiramente kantiano, se orienta completamente pelo ser humano padrão, uma demonstração inteligente e convincente, uma grande intimidade com o problema filosófico do Iluminismo, em geral, uma execução excelente, lógica e determinada da crítica kantiana na base sólida do cristianismo luterano. Coisas que nossos teólogos sempre esconderam de mim. Recentemente, diante do trabalho de Vischer[129], o pessoal da concepção histórica do cristianismo, não se pronunciou quando ele falou do conhecimento iluminista e até aplaudiu, como se isso não contradissesse à concepção histórica. Há mais de 2

---

128. Originalmente no manuscrito: "essa falta de emoção típica dos grandes homens reconhecidos é a desculpa mais suave para o devaneio da nossa teologia inaugurada por Ritschl por meio de seu pseudocristianismo kantiano-luterano".

129. Friedrich Theodor Vischer (1807-1887), poeta e filósofo alemão, autor de Vischer, F.T. (1846-1857). *Ästhetik oder die Wissenschaft des Schönen* (6 vols.). Mäcken.; e do romance Vischer, F.T. (1879). *Auch einer*. Eduard Hallberger.

As palestras da Zofingia

anos tenho feito indagações aos teólogos e em vão tentei descobrir o mistério de sua personalidade. Em vão tentei descobrir onde se encontra a motivação da personalidade[130]. Aparentemente, trata-se de apresentar à nossa alma uma imagem nítida através da descrição da personalidade de Cristo. Por meio de alguma referência secreta, inacessível à razão, deve resultar a determinação da ação moral a partir da apresentação da imagem, ou, o que seria muito mais natural, por meio da incitação da pulsão da imitação. Os antigos a praticaram muito tempo atrás, Teseu ou Sólon foram pregados aos moços atenienses como exemplo. Buda é incutido ao garoto hindu, ou algum faquir sagrado lhe é apresentado[131]. O garoto que lê *Robinson* [Crusoé]se anima tanto com Robinson que suas ações passam a ser determinadas por seu herói, de acordo com a mesma lei natural segundo a qual o negro não consegue deixar de usar cartola e camisa abotoada. Se cedêssemos a cada pulsão de imitação, poderíamos, só de brincadeira, caminhar por aí cabisbaixos, permitir que a personalidade de Hegel se apoderasse de nós e encantar o mundo com absoluto *An-und-für-sich, durch Sich und Für sich selbst sein* [em si e para si, ser si mesmo por si e para si]. Encontramos o mesmo poder de motivação em qualquer outra personalidade, nas personalidades modernas (que conhecemos ainda melhor) ainda mais do que na personalidade de Cristo, tão distante de nós em termos de tempo e opiniões[132]. Pois, por que deve justamente Cristo ser o exemplo de motivação incondicional? Por que nenhum outro, por exemplo, Paulo, ou Buda, ou Confúcio, ou Zoroastro? A imposição da moral está

---

130. Apagado no manuscrito: "Já desenvolvi uma teoria mais ou menos maliciosa. Cristo nos é apresentado como exemplo e é pregado insistentemente várias vezes por semana. Destarte, uma imagem nítida da personalidade é incutida em nós".

131. Apagado: "Apostam assim aparentemente na pulsão da imitação, que, infelizmente, é muito mais desenvolvida nos macacos do que em nós".

132. Apagado: "Um teólogo não deve e não pode impedir ninguém de imitar Napoleão ou o Imperador Guilherme. Bem – os teólogos não quiserem ou não conseguiram me esclarecer, por isso procurei o mestre pessoalmente e, agora, *sine ira et studio* [sem ódio e sem preconceito], relatarei e trarei à luz o que Ritschl apresenta para justificar sua teoria e o que os teólogos sempre ocultam por razões insondáveis".

exclusivamente na metafísica, pois, como diz Hartmann, a ética perde qualquer fundamento quando se desprende da metafísica. Se compreendermos Cristo como ser humano, não existe razão nenhuma para ver a ação de Cristo como exemplo compulsório. Sob essas circunstâncias, seria um empreendimento fadado ao fracasso tentar convencer o mundo da necessidade da ética cristã. Mas, se pressupormos o dogma da divindade de Cristo, como Ritschl faz, a pergunta deixa de ser o porquê da ética cristã e passa a ser a pergunta pelo modo da determinação da ação moral.

252   Passo agora a apresentar a teoria de Ritschl da compulsoriedade da pessoa de Cristo para a ação cristã e moral.

253   Tudo que realmente existe, ou seja, cada objeto do nosso conhecimento, gera em nós um sentimento. Os sentimentos são armazenados pela função da memória. A memória reproduz em nós a qualquer momento uma imagem da ocorrência real original. A imagem mnemônica consiste em dois objetos diferentes. A primeira é a imagem da ocorrência original, a segunda é a imagem do sentimento que a ocorrência original provocou em nós. A primeira parte da memória contém, portanto, apenas a imagem do *actus purus*, da ocorrência pura, a segunda parte, porém, narra que tipo de sentimento, seja prazer ou desgosto, aquela ocorrência gerou em nós. A partir dessa segunda parte da imagem mnemônica se desenvolve a representação e o sentimento do valor que atribuímos à ocorrência pura e indiferente como tal. A imagem mnemônica consiste, portanto, na representação da ocorrência pura em conexão com o sentimento de valor. Lembrando a frase "*Nihil est in intellectu, quod non antea [recte:] fuerit in sensu*" [Nada está na razão que antes não estivesse estado na percepção sensual[133]]: estamos acostumados a remeter cada sentimento que surge dentro de nós a um estímulo externo. Pode, então, acontecer que vinculamos um sentimento a uma ocorrência externa real e assim o equiparamos a um sentimento real. Na maioria dos casos, esse vínculo é correto, em outros, porém, é incorreto. Parece que isto acontece especialmente com coisas religiosas. Quero explicar isso com um exemplo concreto.

---

133. Princípio do sensualismo estabelecido pelo filósofo iluminista inglês John Locke (1632-1704).

As palestras da Zofingia   121

Nos tempos de Cristo, rezava a lenda que, em determinados   254
momentos, a água no tanque em Betesda era agitado por um anjo.
Suponhamos que, certa vez, um anjo realmente tenha agitado a
água e que uma pessoa tenha visto essa ocorrência. Essa pessoa
relatou sua imagem mnemônica[134]. A imagem mnemônica passa
agora para a mente dos ouvintes, e eles a vinculam com o sentimento de valor que costuma ser atribuído à manifestação de um
anjo. Agora a água se mexe novamente, como corresponde à sua
imagem mnemônica, e a isso se alia necessariamente o sentimento
de valor que o narrador lhes ensinou. Como pessoas com uma fantasia rica, porém, elas confundem o sentimento meramente subjetivo com um sentimento produzido por um estímulo real. Cada
sentimento, porém, provém de uma ocorrência real externa a nós,
à qual remetemos o sentimento. Essa é a razão pela qual as pessoas
realmente acreditam que um anjo teria agitado a água e, por meio
de sua presença, provocado esse sentimento correspondente nelas.
A alucinação sentimental de um anjo provém, portanto, de uma
confusão inconsciente do sentimento meramente lembrado com
um sentimento real provocado por causas objetivas.

Ritschl aplica essa reflexão a objetos de natureza religiosa, so-   255
bretudo ao problema da *unio mystica* [união mística da alma com
Deus], da relação imediata com Deus e Cristo, que é defendida
por muitas pessoas, os chamados "pietistas".

Os evangelistas nos transmitem sua imagem mnemônica de   256
Cristo. Como já mencionamos acima, eles transmitem a imagem
pura e indiferente, mas intimamente vinculado a ela o sentimento
de valor da humanidade. Assim, quando uma pessoa executa uma
ação cristã que se conforma ao caráter de seu Cristo mnemônico,
o sentimento de valor, que originalmente lhe foi transmitido pelos
evangelistas e do qual ela se lembra no momento da ação eficaz de
seu motivo cristão, a leva a acreditar em um sentimento real, e ela
passa a acreditar que esse sentimento corresponde a uma causa objetiva externa a ela, ou seja, a presença real e eficaz de Cristo. Ou
seja, o próprio Cristo estaria do lado dela de forma objetivamente
real e entreteria uma relação real com ela. O mesmo raciocínio
explica também a suposta relação imediata com Deus.

---

134. Apagado: "em combinação com o sentimento de valor que atribuía a
essa ocorrência".

C.G. Jung

257   Ritschl recusa, portanto, qualquer conhecimento iluminista ou subjetivo, também a *unio mystica*, que era o objeto de toda a Idade Média mística e que continua a confundir as mentes e os corações de pessoas que, de resto, costumam ser idôneas e íntegras. Entretanto, Ritschl não permanece na negação, mas fundamenta sua ética no poder do sentimento subjetivo. Ele procede de forma tão hábil e com uma agilidade tão surpreendente que, sem causar nenhum escândalo e sem qualquer equívoco, a terminologia para a relação entre Deus e o ser humano possa continuar a ser usada. Para a compreensão real e penetrante, isso é, naturalmente, um grande obstáculo, razão pela qual, para o leigo teológico, o discurso de um ritschliano se apresenta como um conglomerado de contradições e ambivalências[135]. Evidentemente, nenhum teólogo admitirá que esse é o caso. Mas devo dizer que as expressões artificiais de um teólogo moderno são tão incompreensíveis que até um público culto só consegue entender com um *sacrificium intellectus* [com o sacrifício da razão] o que um palestrante titulado queira insinuar simbólica e magicamente com um "momento ético-religioso"; e, quando, além disso, ocorre uma atribuição conceitual ritschliana a nomes antigos, só nos maravilha e espanta diante do inacreditável. No fim, diremos ao vizinho: "Provavelmente, essa deve ser a verdade".

258   A fundamentação da ética de Ritschl e sua refutação do Iluminismo se apoiam no mesmo solo epistemológico.

259   O suposto "pietista" afirma: "Eu mantenho uma relação imediata e íntima com Deus, sua proximidade e o poder de sua presença me levam a organizar minhas ações de acordo com sua vontade, ou seja, de forma moral". Com as razões desdobradas acima, Ritschl refuta a imediação de tal relação, explicando a alegação de uma *unio mystica* como confusão do sentimento de valor subjetivo com a percepção objetivamente determinada. Ritschl desenvolve a fundamentação de sua ética completamente dentro da esfera do

---

135. Apagado: "Em prol da compreensibilidade, abrirei mão de citações literais de Ritschl, pois sua sintaxe é caracterizada por uma alta complexidade e incompreensibilidade, pelo menos para a apresentação oral. Uma oração que precisa ser lida duas ou três vezes não pode ser compreendida quando é lida em alta voz uma única vez". Na verdade, porém, Jung citou Ritschl literalmente.

conhecimento discursivo e da sensualidade. Ele diz: "Ademais, não se pode demonstrar nenhum efeito de outros sobre o espírito humano senão dentro dos limites da percepção ativa e consciente" (Ritschl, 1881, p. 45).

Ou seja: um ser humano só pode exercer um efeito sobre o outro quando o estímulo é absorvido e processado dentro da esfera da consciência do outro. Nenhuma consciência humana pode ser afetada senão dentro da esfera da sensualidade ou da "percepção consciente".

De acordo com Ritschl não existiria uma influência sobre a consciência de um ser humano senão pela via da percepção consciente. Segundo ele, a possibilidade – há muito tempo constatada cientificamente – da ordem pós-hipnótica seria uma impossibilidade. Sem falar de pressentimentos e coisas parecidas. O ser humano obtém[136] todo o conteúdo de sua consciência da esfera da percepção sensual, da sensualidade. Portanto, ele absorve também todos os motivos de sua atividade moral pela via da percepção consciente, ou seja, por meio da comunicação de outros seres humanos. A comunicação que recebemos é uma imagem mnemônica; ela contém, como explicamos acima, a mera representação da coisa comunicada e o sentimento de valor que atribuímos a tal representação. De acordo com o grau de valor que atribuímos a uma representação, ele pode se tornar motivo de nossa ação. O sentimento do valor subjetivo confere à representação indiferente e passiva motivação, eficácia, realidade. Portanto, conferimos ser e realidade à mera representação passiva. Sentimos nossa "realidade espiritual", mas esta é determinada pelo motivo, ao qual só o nosso sentimento de valor conferiu realidade. A realidade do sentimento de valor tem sua razão na realidade do sentimento próprio. Ritschl formula esse pensamento um tanto complicado da seguinte forma: "O sentimento próprio da nossa realidade espiritual é a razão suficiente de conhecimento para a realidade de tudo que contribui para a nossa realidade como existência valiosa e eficaz no mundo" (Ritschl 1881, p. 47).

---

136. Apagado: "segundo o princípio *nihil est in intellectu quod non antea fuerit in sensu*".

124 C.G. Jung

262 Vemos, ou melhor, não vemos que isso é um tipo de Barão de Münchhausen que foge do pântano ao puxar a si mesmo pelos próprios cabelos.

263 Sentimentos de valor em relação a ações morais costumam ser resultado da educação. A apropriação de tais sentimentos de valor ocorre por meio da comunicação. A criança aprende: Cristo ajudou os pobres e enfermos. Esse é o *actus purus* [o ato puro], a imagem mnemônica sem motivação. Esta é atribuída ao ato pela criança quando lhe ensinam: é bom ajudar os pobres. Assim, o sentimento de valor para tal ação é elevado, de modo que a representação de tal ato adquire, por meio do sentimento de valor elevado, tamanha eficácia que se torna o motivo de uma ação semelhante. A motivação do ato cristão ocorre dessa forma. Os evangelistas nos transmitiram a imagem mnemônica dos atos de Cristo. Nosso sentimento de valor que adquirimos por meio da educação se apodera da representação indiferente da vida moral de Cristo e confere a essa representação aquela eficácia que ela precisa ter para agir como motivo sobre a nossa vontade. Quanto mais penetramos a natureza da pessoa histórica de Cristo, maior é o número de representações de ação moral das quais nos apropriamos e maior é o número de motivos que adquirimos para a nossa vontade.

264 Visto que Ritschl não reconhece outra via para a aquisição de motivos valiosos senão a via da percepção consciente, ele depende totalmente daquilo que as fontes mais antigas fornecem em termos de imagens mnemônicas da vida de Cristo. Dessa necessidade epistemológica resulta a teoria de Ritschl sobre a relação do ser humano com Deus e Cristo.

265 Visto que Ritschl ergueu uma cabana para o ser humano padrão fictício em seu cérebro, ele sabe (e explicamos suas razões anteriormente) que nenhum ser humano é afetado por outro fora de sua "percepção consciente", ou seja, que ele não poderia adquirir uma multiplicidade de motivos senão aqueles que já estão contidos na Escritura Sagrada. Segundo Ritschl, o Novo Testamento nos ensina na razão última e mais nobre a vida de Cristo. Por meio do nosso sentimento de valor, fazemos dessa vida o motivo de nossas ações, isto é, determinamos nossa existência real por meio da vida de Cristo, ou: Cristo efetua em nós a sua vida. O suposto "pie-

As palestras da Zofingia 125

tista" se deixa enganar ingenuamente e diz: Aí está a *unio mystica*. Como ele está enganado! As palavras têm um som altamente místico, e o santo Francisco de Assis poderia expressá-las sem ficar vermelho. Vemo-nos tentados a citar livremente segundo Goethe:

> Ouvimos a mensagem, mas falta-*lhe* a fé!
> A fé é o filho preferido do *milagre*!
> (Goethe, 1957, vol. 3, versos 765s.)[137].

Ritschl diz calmamente: "Deus me castiga na penitência, Cristo me consola e encoraja" (Ritschl, 1881, p. 47). 266

Mas, note bem, tudo isso só vale na medida em que, para o ritschliano, o Cristo presente é a soma de todas as imagens mnemônicas transmitidas, ou seja, de todas as representações da pessoa de Cristo, em conjunto com o sentimento de valor que atribuímos a essa representação geral. Para o ritschliano, Deus e Cristo sempre só são *na medida em que*. O "pietista", por sua vez, acredita que Cristo realmente o consola de modo imediato com o poder do Espírito Santo, que outrora ele prometeu aos seus. O ritschliano, porém, segundo a luz da nossa cultura moderna, é tão esclarecido a ponto de saber que Deus ou Cristo não está presente *in substantia*, mas somente na medida em que o ser humano confere à representação motivação e realidade de existência por meio de seu sentimento de valor. 267

Na Antiguidade clássica, o semideus Prometeu cantava durante seu trabalho: 268

> Aqui sentado estou, crio seres humanos... (Goethe, 1958, vol. 1, p. 46).

O ritschliano pode afirmar além disso: 269

> Aqui sentado estou e crio deuses!

Juntamente com a cultura parece aumentar também a modéstia. Além disso, esse compromisso de Ritschl entre Lutero e Kant cheira fortemente ao subjetivismo kantiano e – quem teria imaginado – ao mundo como vontade e representação! Ah, se Schopenhauer tivesse vivenciado essa alegria! Talvez pudéssemos fazer a humilde sugestão 270

---

137. "Ouço a mensagem, mas falta-me a fé; / o milagre é o filho preferido da fé".

ao Senhor Von Falkenberg de, na nova edição de sua obra *Geschichte der neuern Philosophie*, mencionar não só o não filósofo e "extemporâneo" Nietzsche, mas também Albrecht Ritschl como adorador secreto de Schopenhauer.

271 Muitos de meus ouvintes, que[138], com certo prazer, recorrem à linguagem simbólica de Ritschl, talvez se escandalizem diante do abismo da descristianização que revelei ao seu olhar e talvez me acusem de exagero, já que, desde sempre, eu me defendi com todas as forças contra Ritschl. Mas demonstrarei com citações literais que o cristianismo de Ritschl é realmente como descrito.

272 Aos adversários que alegam uma relação imediata, uma *unio mystica* com Deus ou Cristo de acordo com a interpretação concreta da promessa de Cristo: "Eis que eu estou convosco, todos os dias, até o fim do mundo[139]" (Mateus 28,20). Ele responde: "Eles afirmam meras imagens mnemônicas vacilantes sem nenhuma prova como a realidade das coisas" (Ritschl, 1881, p. 47).

273 Ritschl, porém, sabe que não existe outra possibilidade de exercer uma influência sobre a esfera do consciente de uma pessoa senão pela memória, cuja motivação reside no sentimento de valor subjetivo. Por isso ele diz: "A lembrança exata e minuciosa é, para o espírito humano, a forma da apropriação de todos os motivos eficazes e valiosos por meio da qual nossa vida adquire seu conteúdo peculiar" (Ritschl, 1881, p. 47).

274 "Por meio da lembrança precisa são transmitidas as inter-relações na vida, ou seja, que uma pessoa continua a ser eficaz na outra, que, assim, nela é presente quando esta age a partir da educação ou do estímulo recebido da outra. E no sentido mais amplo, isso vale para a conexão religiosa da nossa vida com Deus por meio da lembrança precisa de Cristo. No entanto, não se deve afirmar que tais relações sejam imediatas, caso contrário, declara-se que elas são imaginadas. Pois sem muita mediação nada é real. A relação pessoal de Deus ou de Cristo conosco, porém, é e sempre será mediada pela nossa lembrança exata da Palavra, isto é, da lei

---

138. Apagado: "comem da refeição que Ritschl serviu à teologia".

139. Apagado: "ou: onde dois ou três estiverem reunidos em meu nome, eu estarei ali no meio deles" (Mt 18,20).

As palestras da Zofingia 127

e da promessa de Deus, e Ele age sobre nós somente por meio de uma ou outra dessas revelações. A afirmação fundamental da imediação de quaisquer percepções e relações anula a possibilidade de diferenciar entre realidade e alucinação" (Ritschl, 1881, p. 47s.).

Então Ritschl recapitula mais uma vez para se antecipar a qualquer equívoco: "Ou seja, sem a mediação da Palavra de Deus, *que é lei e evangelho*, e sem a lembrança precisa dessa revelação pessoal de Deus em Cristo, não existe uma relação pessoal entre um cristão e Deus" (Ritschl, 1881, p. 48). 275

Acredito que isso seja claro e não exija comentário. Se o sumo sacerdote no processo contra Cristo não fosse uma pessoa tão antipática, poderíamos sentir-nos tentados a nos juntar a ele e exclamar: "Que necessidade temos de mais testemunhas? Acabais de ouvir a blasfêmia!" (Mt 26,65). 276

Resta analisar a visão do mundo que resulta da epistemologia de Ritschl. No drama global de Ritschl, Deus, Cristo e o ser humano exercem um papel miserável. Um Deus que só existe e só pode interferir na ordem do mundo na medida em que as pessoas atribuem motivação à sua imagem mnemônica. Cristo é o mesmo Deus desajeitado e impotente, mas tornou-se homem e, como homem, é um miserável entusiasta e alucinado e, além disso, como observa Ritschl certeiramente – "pouco versado na literatura do misticismo" – fato que ele compartilha lealmente com seu epígono Paulo. Pois Ritschl diz literalmente: "Aparentemente, aqueles que mantêm a pretensão da relação pessoal e imediata com Cristo ou Deus são pouco versados na literatura do misticismo" (Ritschl, 1881, p. 48). 277

Podemos rir do Deus de Ritschl, mas precisamos lamentar o cristão de Ritschl do fundo do coração. Cada pagão tem seu Deus ao qual pode clamar na necessidade e angústia de seu coração, mesmo que esse Deus nada mais seja do que uma bota encerada, um botão prateado ou um pedaço de lenha. O cristão ritschliano, porém, sabe que seu Deus só existe na igreja, na escola e em casa e que sua eficácia se deve à motivação subjetivamente determinada da memória. E é a esse Deus impotente que um cristão deve rezar pela redenção da necessidade física e espiritual? Esse Deus não consegue mexer um dedo sequer, pois Ele só existe histórica e tradicionalmente e sempre apenas "na medida em que". Da mesma forma malsucedida, 278 os franceses poderiam clamar a seu Carolum Magnum, pedindo que ele acerte a cabeça dos pelintras alemães e liberte a Alsácia-Lorena.

279 Lembro aqui a falta de sentimento típica das personalidades famosas que mencionamos no início. Ritschl pregou uma peça e tanto nesse diabo dos campos, que salta no deserto de um coração.

280 Psicologicamente, Albrecht Ritschl é muito mais acessível. Ele era professor na Universidade Luterana em Göttingen. Ele era obrigado a dar aulas luteranas, portanto, precisava ser luterano. O famoso corte de Lutero com o qual ele separou a velha Igreja de todo o misticismo, de toda a tradição profética, era o fio condutor de Ritschl. Ele mesmo diz: "Não sou obrigado nem legitimado a ensinar de outro modo. É, porém, um fato curioso que um teólogo como Weiss [...] ousa me julgar de acordo com suas pretensões pietistas, enquanto eu me atenho à linha indicada pelas ordens de ensino da Reforma" (Ritschl, 1881, p. 48).

281 O luteranismo era sua base absoluta. Além disso, como convém a um professor do estudo de Deus, ele teve que se ocupar com a filosofia secular para mostrar que a crítica kantiana se conforma muito bem ao cristianismo luterano.

282 Mas ninguém brinca impune com o filósofo de Königsberg. Seu ser humano padrão da crítica da razão pura não suporta muito bem o mistério na religião e seduziu Ritschl a negar o mistério que jaz no peito de cada ser humano e a afundar naquela casta humana cuja vida consiste em ignorar perguntas e fingir segurança.

283 A grande história do mistério no drama mundial avança e devora com suas ondas altíssimas os círculos desenhados pelo homem Ritschl. Um sopro do infinito toca a interpretação humana, e ela se desfaz – mas o mistério permanece no coração humano até o fim de todos os dias.

284 Definitivamente ainda não avançamos muito na compreensão da pessoa de Cristo[140]. Sem falar de várias interpretações risíveis e atribuições à pessoa de Cristo, como chispas sociopolíticas, ideias "sentimentais" etc. Sem falar de todas essas coisas que já nasceram com a maldição do ridículo, o leigo culto que busca penetrante-

---

140. Originalmente: "Sim, já avançamos muito em nosso cristianismo culto".

As palestras da Zofingia   129

mente uma compreensão da pessoa de Cristo deve estranhar como nossos teólogos, os protetores e guardiões dos mais nobres bens terrestres, tratam a pessoa de Cristo. Em sua ingenuidade, eles acreditam que o mundo é tão bom e amoroso que basta a mera pregação sobre a pessoa de Cristo para fazer com que o mundo inteiro caia de joelhos diante desse exemplo. Acreditam que basta o comportamento da imagem mnemônica para determinar a ação moral. Aparentemente, muitos dos nossos teólogos se convenceram tanto da bondade do mundo que acreditam que o mundo responde imediatamente à imagem mnemônica com seu sentimento de valor e assim confere eficácia à imagem mnemônica em seu coração. Aparentemente, não sabem que o mundo não se importa nem um pouco com todas essas pregações nem com todos os dedos indicadores erguidos. A "mera imagem mnemônica vacilante" de Cristo não *pode* estimular o mundo, pois ele ainda nem foi educado a ter um sentimento de valor pela pessoa de Cristo. O mundo ainda não foi informado nem se interessa por Cristo. Ainda conhecemos muito pouco o entendimento que Cristo tinha de si mesmo, conhecemos a pretensão de sua divindade, esse entendimento ainda é incompreensível para nós para podermos conferir sentimentos de valor a essa pessoa. A teologia prática de hoje desistiu em grande parte da conquista do mundo pela convicção e educação. Ela simplesmente ignora o capítulo 2 "Sentimento de valor", da obra *Fisiologia da moral*, de seu mestre Ritschl, e prega a personalidade histórica de Cristo, cuja imagem não possui nenhuma motivação, ao contrário. Para se esquivar da penosa educação da humanidade para que ela aceite novos pontos de vista, a teologia prefere conceder ao mundo crítico, com um *"Non liquet"* [permanece em aberto], três quartos da personalidade de Cristo, isto é, seus milagres, sua fé em milagres, sua vidência e sua consciência da divindade. Agora, ela se limita a pregar o Cristo histórico como homem, essa também é uma emancipação de Ritschl, mas é *clímax a maiori ad minus* [descida gradual do mais elevado para o inferior]. Afinal de contas, Cristo é um pobre miserável, privado de seu poder e de sua glória, até mesmo de seu juízo afiado e alcançou a posição do "idealista ingênuo". Essas concessões e tentativas diminuem significativamente as chances de responsabilizar o mundo de alguma forma, e, finalmente, os teólogos recorrerão aos recursos do Exército da Salvação, aprumarão os cultos com diversos sons e barulhos, pintarão as igrejas por dentro e por fora com agradáveis "imagens de primavera", sob acompanhamento de música arrumarão mesas giratórias de batismo e eucaristia com mudanças de cenário, instalarão autômatos de pregação em locais apropriados, que simultaneamente aceitarão ofertas e que, diante de uma oferta de dez centavos, tocarão uma pregação[141] de 10min sobre um texto qualquer, tudo isso para afastar o tédio silencioso, mas implacável, com muito barulho.

285   Evidentemente, é muito mais fácil e cômodo ridicularizar uma igreja ou um culto, apostar em sentimentos de valor que, outrora, nossos antepassados adquiriram com o sangue e as lágrimas da humanidade, desperdiçar levianamente o capital de conhecimento acumulado por nossos ancestrais durante 18 séculos de desenvolvimento, do que instruir as pessoas com conhecimentos adquiridos a muito esforço, e conduzi-las a novos picos, a outros círculos mais elevados.

286   Jogar fora o bebê com a água do banho não pode ser considerado uma arte. E dizer: jogamos fora o que 18 séculos acumularam em torno de Cristo, todas as doutrinas, todas as tradições, e ficamos apenas com a pessoa histórica de Cristo: isso também não pode ser considerado uma arte, pois as pessoas que falam dessa maneira costumam não ter nada que possam jogar fora. E frequentemente ouvimos como esse espírito é chamado de "crítico". As pessoas que virão depois de nós nos amaldiçoarão se nós, que fomos convocados para a edificação da humanidade, deixarmos frutos como uma igreja destruída com instituições inúteis, conceitos religiosos totalmente superficiais que escorrem na areia e todo o resto vinculado a isso.

287   Ficamos parados diante disso e nos perguntamos: o que fazer? Por que a pregação da pessoa histórica não quer se decidir? Por que o público prefere correr para palestras científicas a ir às igrejas? Por que Darwin, Haeckel e Büchner[142] são os pivôs do

---

141. Apagado: "sobre a personalidade".

142. Sobre Darwin, cf. o § 182. Ernst Haeckel (1834-1919), biólogo alemão, defensor da teoria popular no século XIX de que as espécies passaram por sua metamorfose gradualmente. Sobre Büchner, cf. o § 109.

interesse? E por que perguntas religiosas, pelas quais antigamente se lutava com a espada, hoje estão tão distantes, tão longe de qualquer discussão? Sim, em certos círculos discutir perguntas religiosas é considerado desagradável e até uma falta de educação. Esta sociedade precisa ser educada, é preciso ensinar interesse a esta sociedade pelas perguntas mais nobres, e somente então, quando tudo isso tiver acontecido, podemos iniciar a pregação sobre a suposta pessoa histórica de Cristo, podemos apelar ao sentimento de valor que o mundo confere a Cristo. O sentimento de valor, porém, só despertará quando o mundo tiver compreendido que Cristo não é um ser humano padrão, tampouco uma peça de um mundo conceitual abstrato, desvinculada de toda realidade. Cristo deve e precisa ser compreendido como Ele mesmo se ensinou, ou seja, como profeta, como enviado de Deus. A figura de Cristo precisa necessariamente ser concebido como Ele mesmo se concebia. Sua posição em nosso mundo de representação precisa corresponder à pretensão de sua consciência. A qualidade sobrenatural de seu ser, afirmada por Ele mesmo, deve – *talis qualis* [assim como é] – ser acolhida em nossa consciência moderna. Se deixamos de fazer isso, deixamos de ser cristãos, pois não temos o direito de usar o nome daquele cuja opinião não aceitamos. Mas, enquanto usarmos seu nome para nos identificar, somos moralmente obrigados a aceitar seu ensinamento em todas as suas partes. Também aquilo que nos parece impossível *deve* ser acreditado, caso contrário abusamos do nome de Cristo. É uma palavra dura, e alguns gritarão: um *sacrificium intellectus*! Mas, quando alguém decide ser cristão, ele precisa defender sua fé contra sua razão crítica, mesmo correndo o risco de provocar um novo florescimento da escolástica. Se não quisermos isso, existe uma saída muito simples: desistir da pretensão de ser cristão. Então poderemos escolher qualquer outro nome: por exemplo, moralista por respeito à boa educação ou especialista em ética com pretensão de melhorar o mundo. Se quisermos preservar algum conteúdo do cristianismo, precisamos voltar a acolher o mundo de representação metafísico do cristianismo original em toda a sua extensão. Com isso, enfiamos um espinho doloroso em nossa carne, mas é algo que precisamos fazer, por amor ao nosso nome de cristãos. Lembro a todos, especialmente aos teólogos, a verdade que Eduard von Hartmann jogou aos pés do mundo cristão e peço com urgência que ouçam a voz desse profeta: "Na religião, mundo de representação metafísico precisa ser sempre a fonte viva para a excitação emocional no culto e para a estimulação ética da vontade; quando essa fonte seca, o culto estarrece e se transforma em um culto cerimonial morto e sem sentido e a ética murcha e se transforma em uma moral abstrata e seca ou sentimental e fraseológica, que não consegue tirar ninguém de sua inércia confortável!"[143].

288   O mistério de um mundo metafísico, de uma ordem metafísica de todas as coisas, como Cristo ensinou e representou em sua própria pessoa, precisa ocupar o topo da religião cristã como o *primum movens* [o movedor original]. Hartmann afirma: "Sem a profundeza e a riqueza infinita do mistério que apresenta um lado diferente a cada um, *nenhuma* religião é possível"[144].

289   Nenhuma religião existiu e existirá sem o mistério, que mantém o vínculo mais preciso com o confessor da respectiva religião. E também o cristianismo histórico mais recente conhece seus milagres, seu mistério. Infelizmente, porém, esse milagre κατ᾽ ἐξοχήν [*par excellence*], a ação da pessoa de Cristo sobre o ser humano e a conversão resultante, é um milagre necessariamente fictício, visto que sua causa não é Cristo *in substantia*, mas apenas uma representação dotada de motivação por meio do nosso sujeito. No sentido de uma definição estrita do conceito "milagre", o modo de ação transformado da pessoa convertida segundo a concepção causal de Ritschl não pode ser um milagre, pois a *causa efficiens* é a representação predominante da vontade, cuja realidade é determinada pela realidade do sujeito. Na linguagem comum, não científica, chamamos esse processo de autossugestão. E hoje em dia o conceito da autossugestão já não se insere mais na categoria dos milagres, caso contrário seríamos obrigados a nos maravilhar diariamente diante do milagre da gravidade. Os teólogos dizem com frequência: justamente este é o grande milagre e nisto se evidencia a eficácia imediata de Cristo: o fato de que uma pessoa pode ser transformada completamente pela compreensão da pessoa de

---

143. Hartmann, fonte da citação não identificada.

144. Hartmann, fonte da citação não identificada.

As palestras da Zofingia 133

Cristo. Se entendermos isso no sentido ritschliano, o milagre não é maior do que quando um hipocondríaco, que acabou de ler um artigo sobre a tuberculose pulmonar, começa a tossir e cuspir. Mas eles entenderem isso no sentido cristão como a presença real e substancial de Cristo, isso realmente é um grande milagre. Nesse caso, porém, é preciso abolir a terminologia ritschliana, é preciso abolir[145] o conceito da personalidade histórica, que só faz sentido na boca de um ritschliano. Então Cristo é a figura metafísica com a qual a elevação mística do mundo sensorial nos une. Portanto, deve desaparecer o conceito da pessoa histórica para nós, os leigos, pois Ele está fixado no sentido ritschliano e não pode ser mais *interpretado*, apenas *interpretado erroneamente*. Então o teólogo deve falar na linguagem inequívoca de Suso ou nas imagens sombrias e profundas de Jakob Böhme. Assim ele se aproximará mais da altura de um sentimento religioso do que com as palavras rasas de uma teologia iluminista.

Se uma *unio mystica* é possível – que cada um que pretende ser cristão responda isso pessoalmente. E cada um que carrega esse nome com honra terá que dar uma resposta positiva, pois o próprio Cristo se compreendia como alguém que possui a possibilidade e a vontade de permanecer com os seus "até o fim do mundo". Essa é uma opinião perigosa, e ela traz o risco inevitável que Ritschl tanto temia, ou seja: a suspensão de qualquer possibilidade de diferenciar entre realidade e alucinação. Ele arrasta consigo toda a tradição mística, os problemas da ascese e da capacidade de conhecimento extático, os problemas da divindade de Cristo e da infalibilidade de seu ensino. A execução consequente da ideia mística reaproximará perigosa e invariavelmente a discussão dos objetos escolásticos e, com isso, a eventualidade da indiferença social e científica, ou seja, nada menos do que o questionamento do progresso cultural futuro. Todas essas são possibilidades perigosas, confusas e de longo alcance, nas quais ninguém pensaria se os mil anos da Idade Média não tivessem demonstrado cada uma delas em longas épocas da humanidade. Uma pessoa que queira

290

---

145. Apagado: "a pessoa histórica! É preciso abolir a lembrança exata do tradicional!".

insistir na realidade metafísica dos objetos de fé cristãos precisa estar ciente desses perigos e dificuldades e nunca pode se esquecer de que o cristianismo nada mais é do que uma ruptura com um mundo, uma desumanização da humanidade, uma "revalorização de todos os valores". O ensinamento cristão não oferece vantagem a nenhum campo da cultura. Tudo recua diante da grande questão da interiorização do indivíduo e da dissolução da ordem natural existente. Cristo não veio para trazer a paz, mas a espada, pois Ele desencadeia a luta da vontade dualisticamente dividida.

291   A perigosa concepção do cristianismo que formava o fundamento da visão medieval do mundo cativou os espíritos mais nobres durante dois mil anos, desde seu nascimento em João, o teólogo, até sua morte em Schopenhauer: isso é razão suficiente para duvidar de seu desaparecimento total e nutrir a esperança de que seu último raio ainda não lampejou em sua escuridão.

Plurimi pertransibunt, et multiplex erit scientia![146]

---

146. "Muitos perderão a vida, e a ciência será diversa."

Material[147]

Segundo Mateus:

1. Primeira palavra de Cristo à humanidade: "Convertei-vos porque está próximo o reino dos céus" [3,2][148].

Sermão do Monte [Mateus 5-7]

2. Felizes os que têm espírito de pobre, porque deles é o reino dos céus [5,3].

3. Felizes os puros de coração, porque verão a Deus [5,8].

4. Felizes os perseguidos por causa da justiça, porque deles é o reino dos céus [5,10].

5. Alegrai-vos e exultai, porque grande será a vossa recompensa nos céus [5,12].

6. Quem, pois, violar um desses preceitos, por menor que seja, e ensinar aos outros o mesmo, será chamado o menor no reino dos céus; mas quem os praticar e ensinar, será chamado grande no reino dos céus. Pois eu vos digo: se a vossa justiça não for maior do que a dos escribas e fariseus, não entrareis no reino dos céus [5,19-20].

7. Venha o teu reino [6,10].

8. Livrai-nos do mal [6,13].

9. Ajunteis riquezas nos céus (Não ajunteis riquezas na terra) [6,19-20].

10. Não vos preocupeis com vossa vida, com o que comereis, nem com o corpo, com o que vestireis [6,25].

11. Buscai, pois, em primeiro lugar o reino de Deus e sua justiça [6,33].

12. Quão estreita é a porta e apertado o caminho que leva à vida, e poucos são os que o encontram! [7,14].

13. Segue-me e deixa que os mortos enterrem os seus mortos [8,22].

14. (Aos apóstolos:) pelo caminho, proclamai que está próximo o reino dos céus [10,7].

15. Eu vos envio como ovelhas no meio de lobos [10,16].

---

147. Fontes: Trata-se de anotações feitas por Jung, encontradas juntas ao manuscrito para esta palestra.

148. Palavras de João Batista.

136 C.G. Jung

16. Cuidado com os homens [10,17].

17. Eu vos garanto que não acabareis de percorrer as cidades de Israel antes que venha o Filho do homem [10,23].

18. Todo aquele, pois, que der testemunho de mim diante dos outros, também eu darei testemunho dele diante de meu Pai que está nos céus [10,32].

19. Não penseis que vim trazer paz à terra [10,34].

20. Quem ama o pai ou a mãe mais do que a mim, não é digno de mim etc. [10,37].

21. (A João Batista:) os cegos veem e os coxos andam, os leprosos ficam limpos e os surdos ouvem, os mortos ressuscitam e os pobres são evangelizados [11,5].

Mateus 11,21ss. Milagres

22. Tudo me foi entregue por meu Pai. Ninguém conhece o Filho senão o Pai etc. [11,27].

23. Tomai sobre vós o meu jugo e aprendei de mim, que sou manso e humilde de coração [11,29].

24. Quem é minha mãe e quem são meus irmãos? [12,48].

25. Pois eu vos digo: Muitos profetas e justos desejaram ver o que vós vedes e não viram, e ouvir o que ouvis e não ouviram [13,17].

Conhecimento

26. (Aos discípulos:) a vós foi dado conhecer os mistérios do reino dos céus [13,11].

27. (Referência a Isaías:) começarei a falar em parábolas, e anunciarei as coisas ocultas desde a criação do mundo [13,35].

28. Porque o Filho do homem há de vir na glória do Pai, com os anjos, e então dará a cada um conforme as suas obras [16,27].

29. *Transfiguração* [Mateus 17].

30. *Milagres*: Se tivésseis uma fé do tamanho de um grão de mostarda, diríeis a este monte: "sai daqui para ali" e ele iria, e nada vos seria impossível [17,20].

31. Cuidado para não desprezar um desses pequeninos, porque eu vos digo que seus anjos estão continuamente no céu, na presença do meu Pai celeste [18,10].

32. Assim também fará convosco meu Pai celeste, se cada um de vós não perdoar [18,35].

33. Há homens incapazes para o casamento que assim se fizeram por amor do reino dos céus [19,12].

As palestras da Zofingia

34. Os discípulos disseram: "Então, quem pode salvar-se?". Jesus olhou para eles e disse: "Para os seres humanos isso é impossível, mas para Deus tudo é possível" [19,25-26].

35. Vós que me seguistes também vos assentareis em doze tronos etc. [19,28].

36. E todo aquele que deixar casa, ou irmãos, ou irmãs, ou pai, ou mãe, ou filhos, ou campos por amor de meu nome, receberá cem vezes mais e possuirá a vida eterna [19,28].

37. *Profecia do fim do mundo próximo* [Mateus 24].

38. Por isso estai vós também preparados, porque na hora em que menos pensais virá o Filho do homem [24,44].

39. Ou pensas que não posso pedir a meu Pai e ele me enviaria, neste instante, mais de doze legiões de anjos? [26,53].

40. Entretanto eu vos digo: Um dia vereis o Filho do homem sentado à direita do Todo-poderoso, vindo sobre as nuvens do céu [26,64].

Marcos

41. Completou-se o tempo, e o reino de Deus está próximo. Convertei-vos e crede no Evangelho [1,15].

Lucas

42. Não são os que têm saúde que precisam de médico, e sim os enfermos. Não vim chamar para a conversão os justos, mas os pecadores [5,31-32].

43. Alegrai-vos nesse dia e exultai, porque grande será a vossa recompensa no céu [6,23].

44. Pois a medida com que medirdes será usada para medir-vos [6,38].

45. Porque se alguém se envergonhar de mim e de minhas palavras, dele se envergonhará o Filho do homem quando vier na sua glória, na glória do Pai e dos santos anjos [9,26].

46. Vi Satanás cair do céu como um raio [10,18].

47. Mas não vos alegreis que os espíritos se vos submetem. Alegrai-vos, antes, porque vossos nomes estão escritos nos céus [10,20].

48. Felizes os olhos que veem o que vós vedes [10,23].

49. Ai de ti, Corozaim etc. [10,13ss.]

50. *Pai Nosso*. Dá-nos cada dia o pão necessário [11,3].

51. Ai de vós, doutores da Lei, que vos apoderastes da chave da ciência: vós mesmos não entrastes, e impedistes aos que desejavam entrar [11,52].

138 C.G. Jung

52. Insensato! Ainda nesta mesma noite tirarão a tua vida, e para quem ficará tudo que acumulaste? [12,20].

53. Eu vim pôr fogo à terra, e como gostaria que já estivesse aceso! [12,49].

54. Pensais que vim trazer paz à terra? Digo-vos que não, e sim a separação. De agora em diante, numa família de cinco pessoas, estarão divididas três contra duas e duas contra três; estarão divididos o pai contra o filho e o filho contra o pai etc. [12,51-53].

55. Se alguém vem a mim e tem mais amor ao pai, à mãe, à mulher, aos filhos, aos irmãos, às irmãs e mesmo à própria vida do que a mim, não pode ser meu discípulo [14,26].

Aparições após a morte [Lucas 24].

Hartmann, Wundt, Ritschl / *Evolution optim.*

Ritschl: *Metaphysik und Religion*[149]

Sentença de Luthardt[150], p. 1

Lutero, p. 4: jogar fora o bebê com a água do banho.[151]

      p. 14: eventualmente: metafísica, propósito do mundo

Ritschl precisa lutar contra pessoas que ainda pensam Deus como o absoluto e especulam sobre suas qualidades necessárias.

      p. 42: interpretação do Espírito Santo como motivo da ação moral. O sentimento de valor da imagem mnemônica é, equivocadamente, equiparado a uma sensação real.

      p. 45: Ação sobre os outros só dentro da sensualidade. Motivo para a ação moral são apenas imagens mnemônicas subjetivas, às quais apenas o sentimento de valor confere atividade e realidade. Disso segue a evidência da realidade de Deus, na medida em que a tradição nos ensina o sentimento de valor da lembrança.

---

149. Recte *Theologie und Metaphysik*. Os números de páginas a seguir não puderam ser verificados. As anotações se referem à palestra de Jung e à discussão de Ritschl com seus adversários.

150. Cristoph Ernst Luthardt (1823-1902), professor de Teologia Sistemática, porta-voz do luteranismo alemão contra união e liberalismo, autor de Luthardt, C. E. (1864-1880). *Apologetische Vorträge über die Grundwahrheiten des Christentums* (4 vols.). Dörffling und Franke.; e Luthardt, C. E. (1878). *Kompendium der Dogmatik*. Dörffling und Franke. Cf. tb. a anotação ao § 248.

151. Martinho Lutero (1483-1546), pai da Reforma na Alemanha. O famoso ditado "Não se deve derramar a criança com o banho" já foi usado por ele (edição de Weimar 20, p. 169) e significa que não se deve refutar o mal juntamente com o bem.

Referências

Nota: muitas obras citadas no texto original carecem de informação bibliográfica completa. Esses casos são indicados pelo asterisco ao fim da referência.

Aksákow, A. (1890). *Animismus und Spiritismus: Versuch einer kritischen Prüfung der mediumistischen Phänomene mit besonderer Berücksichtigung der Hypothesen der Hallucinationen und des Unbewussten – Als Entgegnung auf Eduard Hartmanns Werk "Der Spiritismus..."* (2 vols.). Mutze.

Aksákow, A. (org.) (1867-1874). *Bibliothek des Spiritualismus* (8 vols.). Mutze.

Alighieri, D. *Divina Commedia.* *

Bastian, H.C. (1872). *The Beginning of Life.* Macmillan and Co.

Böhme, J. (1924). Theoscopia oder Die hochteure Porte von göttlicher Beschaulichkeit. In G. Wehr (org.) (1975). *Christosophia.* Aurum.

Burdach, K.F. (1826-1835). *Die Physiologie als Erfahrungswissenschaft* (6 vols.). Voss.

Crookes, W. (1872). *Der Spiritualismus und die Wissenschaft. Experimentelle Untersuchungen über die psychische Kraft. Nebst bestätigenden Zeugnissen des Physikers C.F. Varley, des Mathematikers A.D. Morgan, des Naturforschers A.R. Wallace, des Chemikers R. Hare und anderer Gelehrten. Prüfungssitzungen des Mr. D.D. Home und der Gelehrten zu St. Petersburg und London.* Mutze.

Eccles, J. (1980). *The Human Psyche.* Springer.

D'Espagnat, B. (1979). *A la recherche du réel.* Gauthier-Villars.

Du Prel, C. (1894). *Die Entdeckung der Seele durch die Geheimwissenschaften* (2 vols.). Günther.

Du Prel, C. (1893). *Der Spiritismus.* Reclam.

Ellenberger, H. (1973). *Die Entdeckung des Unbewussten* (2 vols.). Hans Huber.

Hannah, B. (1982). *C.G. Jung – Sein Leben und Werk. Erkenntnisse und Erfahrungen einer langjährigen Zusammenarbeit.* Bonz.

Hartmann, E. (1869). *Philosophie des Unbewussten* (3 vols.). Duncker.

Helmholtz, H. (1867). Handbuch der Physiologischen Optik. In G. Karsten (org.) (1857-1862). *Allgemeine Encyclopädie der Physik*. Voss.

Hertwig, O. (1893). *Die Zelle und das Gewebe. Grundzüge der Allgemeinen Anatomie und Physiologie*. Fischer.

Horácio. *De Arte poética.* *

Jaffé, A. (1977). *C.G. Jung Bild und Wort*. Walter.

Jantsch, E. (1979). *Die Selbstorganisation des Universums*. Hanser.

Jantsch, E., & Waddington, C.H. (1976). *Evolution and Consciousness*. Reading.

Jung, C.G. (2002). *Cartas: 1906-1945* (vol. 1). Vozes.

Jung, C.G. (2002). *Cartas: 1946-1955* (vol. 2). Vozes.

Jung, C.G. (2003). *Cartas: 1956-1961* (vol. 3). Vozes.

Jung, C.G. (1971). *Erinnerungen, Träume, Gedanken*. Walter.

Jung, C.G. (2011). *Obra Completa* (18 vol). Vozes.

Jung, C.G. (2011). Sobre fenômenos espíritas. In C.G. Jung. *Obra Completa* (vol. 18/1). Vozes.

Kant, I. (1755). *Allgemeine Naturgeschichte und Theorie des Himmels oder Versuch von der Verfassung und dem mechanischen Ursprunge des ganzen Weltgebäudes nach Newtonschen Grundsätzen abgehandelt*. Petersen.

Kant, I. (1784). Beantwortung der Frage: Was ist Aufklärung. *Berlinische Monatsschrift, 4*(12), 481-494.

Kant, I. (1960). *Träume eines Geistersehers, erläutert durch Träume der Metaphysik*. Insel.

Kant, I. (1821). *Vorlesungen über die Metaphysik*. Keysersche.

Kilchren, E. (1897). *Lucas Heland.* *

Kleist, H. (1964). *Sämtliche Werke und Briefe*. Hanser.

Kundert, W. (1961). *Abriss der Geschichte des Schweizerischen Zofingervereins.*

Leberecht de Wette, W.M. (1846). *Das Wesen des christlichen Glaubens vom Standpunkt des Glaubens dargestellt*. Schweighauser.

Lucadou, W., & Bauer, E. (1979). Methoden und Ergebnisse der Psychokinese-Forschung. In G. Condrau (org.). *Die Psychologie des 20. Jahrhunderts* (vol. 15, p. 494s.). Kindler.

Lucadou, W., & Kornwachs, K. (1979). Parapsychologie und Physik. In G. Condrau (org.) *Die Psychologie des 20. Jahrhunderts* (vol. 15, p. 581s.). Kindler.

As palestras da Zofingia

Newton, I. (1687). *Philosophiae naturalis principia mathematica*. Joseph Streater.

Newton, I. (1872). *Mathematische Principien der Naturlehre*. Robert Oppenheim.

Nietzsche, F.W. (1873-1875). Unzeitgemässe Betrachtungen. Aus dem Nachlass. In E. Förster-Nietzsche (org.) (1906). *Friedrich Nietzsche's Werke. Taschenausgabe in 10 Bänden*. Naumann; Kröner.

Nietzsche, F.W. (1874). Schopenhauer als Erzieher. In E. Förster-Nietzsche (org.) (1906). *Friedrich Nietzsche's Werke. Taschenausgabe in 10 Bänden* (vol. 2, p. 244). Naumann; Kröner.

Pauli, W. (1961). Naturwissenschaftliche und erkenntnistheoretische Aspekte der Ideen vom Unbewussten. In W. Pauli. *Aufsätze und Vorträge über Physik und Erkenntnistheorie* (p. 123s.). Vieweg+Teubner Verlag.

Pfisterer, G.A. (1896). Die Herkunft der organischen Wesen. *Centralblatt des Schweizerischen Zofingervereins, 36*(10), 609-631.

Odajnik, V.W. (1976). *Jung and Politics: the political and social ideas of C.G. Jung*. Harper Colophon.

Oeri, A. (1935). Ein paar Jugenderinnerungen. In Psychologischer Club Zürich (org.). *Die kulturelle Bedeutung der komplexen Psychologie. Festschrift zu Jungs 6o. Geburtstag* (p. 1-9). Daimon.

Ritschl, A. (1870-1874). *Die christliche Lehre von der Rechtfertigung und Versöhnung*. Marcus.

Ritschl, A. [18--?]. *Physiologie der Moral*. *

Ritschl, A. (1881). *Theologie und Metaphysik*. Marcus.

Runge, F.F. (1834-1850). *Farbenchemie*. Mittler.

Schelling, F.W. (1797). *Ideen zu einer Philosophie der Natur*. Breitkopf & Härtel.

Schelling, F.W. (1798-1799). *Erster Entwurf eines Systems der Naturphilosophie*. Christian Ernst Gabler.

Schelling, F.W. (1854). *Philosophie der Mythologie und Offenbarung* (2 vols.). *

Schiller, F [19--?]. *Die Jungfrau von Orleans*. Insel.

Schopenhauer, A. (1813). *Über de vierfache Wurzel des Satzes vom unzureichenden Grunde*. *

Schopenhauer, A. (ca. 1920). *Sämtliche Werke in 5 Bänden*. Insel.

Schopenhauer, A. (1851). Versuch über das Geistersehen und was damit zusammenhängt. In A. Schopenhauer. *Parerga und Paralipomena* (vol. 4, p. 316). A. W. Hayn.

Schopenhauer, A. (1819). Die Welt als Wille und Vorstellung. In A. Schopenhauer (ca. 1920). *Sämtliche Werke in 5 Bänden* (vol. 1). Insel.

Stähelin, K.R. (1896). Die verschiedenen Erklärungen des Lebens. *Centralblatt des Schweizerischen Zofingervereins 6.* *

Steiner, G. (1965). Erinnerungen an Carl Gustav Jung. Zur Entstehung der Autobiographie. *Basler Stadtbuch*, 117-163.

Strauss, D.F. (1839). *Charakteristiken und Kritiken. Eine Sammlung zerstreuter Aufsätze aus den Gebieten Theologie, Anthropologie und Ästhetik.* Wiegand.

Strauss, D.F. (1953). *Justinus Kerner. Zwei Lebensbilder aus den Jahren 1839 und 1862.* Schiller Nationalmuseum.

Swedenborg, E. (1772). *Geisterseher.* *

Vischer, F.T. (1846-1857). *Ästhetik oder die Wissenschaft des Schönen.* (6 vols.). Mäcken.

Vischer, F.T. (1879). *Auch einer.* Eduard Hallberger.

Wallace, A.R. (1874). *Die wissenschaftliche Ansicht des Übernatürlichen, welche eine experimentelle Untersuchung über die vorgeblichen Kräfte von Hellsehern und Medien durch Männer der Wissenschaft wünschenswert erscheinen lassen.* Mutze.

Weiss, H. (1881). Über das Wesen des persönlichen Christenstandes. *Sutdien und Kritiken*, 54, 377-417.

Wilhelm, R. (trad.) (1923). *I Ging. Das Buch der Wandlungen.* Diederichs.

Wundt, W. (1874). *Grundzüge der physiologischen Psychologie* (3 vols). Wilhelm Engelmann.

Wundt, W. (1879). *Der Spiritismus. Eine sogenannte wissenschaftliche Frage. Offener Brief an Prof. Dr. Hermann Ulrici.* Engelmann.

Wundt, W. (1866). *Die physikalischen Axiome und ihre Beziehung zum Causalprincip.* Enke.

Zöllner, K.F. (1879). *Die transzendentale Physik und die sogenannte Philosophie. Eine deutsche Antwort auf die "sogenannte wissenschaftliche Frage".* Staackmann.

Zöllner, K.F. (1886). *Naturwissenschaft und Offenbarung. Populäre Beiträge zur Theorie und Geschichte der vierten Dimension, nebst einem Abdruck des offenen Briefes an Herrn Consistiorialrath Prof. Luthardt.* Griesbach.

Zöllner, K.F. (1878-1881). *Wissenschaftliche Abhandlungen in 7 Bänden.* Staackmann.

Zumstein-Preiswerk, S. (1975). *C.G. Jungs Medium. Die Geschichte der Nelly Preiswerk.* Kindler.

Conecte-se conosco:

f facebook.com/editoravozes

◉ @editoravozes

𝕏 @editora_vozes

▶ youtube.com/editoravozes

◯ +55 24 2233-9033

www.vozes.com.br

Conheça nossas lojas:

www.livrariavozes.com.br

Belo Horizonte – Brasília – Campinas – Cuiabá – Curitiba
Fortaleza – Juiz de Fora – Petrópolis – Recife – São Paulo

  Vozes de Bolso

EDITORA VOZES LTDA.
Rua Frei Luís, 100 – Centro – Cep 25689-900 – Petrópolis, RJ
Tel.: (24) 2233-9000 – E-mail: vendas@vozes.com.br